축하, 환난, 위로, 대심방, 격려, 전도, 직분자, 직업인,
연령별 심방기도 등 210편 수록

심방기도

변한규 목사 외

한국문서선교회

머리말

　목회의 연조(年條)가 깊어지면 깊어질수록 깨닫게 되는 것이 기도의 중요성이다. 목회의 승패를 좌우하는 것이 바로 기도라고 말하지 않을 수 없다. 기도 가운데서도 심방기도는 심방을 받는 개인이나 가정에 힘을 주어 어려움을 이기게 하며 하나님을 더욱 의지하게 하고, 신앙공동체의 일원으로서 교회에 대한 신뢰와 애정을 깊게 만들어 준다.
　이 기도집은 각종 심방을 비롯하여 전도, 상담 등 여러 경우에 교역자나 평신도들에게 유효 적절한 도움을 주기 위해 집필되었다.
　이 기도집은 다음과 같은 특징을 가지고 있다.
　첫째, 다양한 처지와 경우를 세분하여 망라하였다. 현대인의 삶의 정황은 참으로 복잡다단하다. 이 기도집은 그 복잡다단한 경우들을 될 수 있는 대로 다 망라하기 위해 힘썼다. "경우에 합당한 말은 아로새긴 은쟁반에 금사과니라"(잠 25:11)는 말씀을 기억하며 경우에 합당한 기도가 되기 위해 노력했다.
　둘째, 새로 발생하는 문제들을 위한 기도도 다루고 있다. 지금은 다니엘이 말한 것과 같이 많은 사람이 빨리 왕래하며 지식이 더하는 시대이다(단 12:4). 최근에 새로 발생하고 있는 컴퓨터 문제, 경제 문제를 비롯하여 새로운 문제들을 위한 기도들도 폭 넓게 수록하기 위해 힘썼다.
　셋째, 여러 교파에 속한 교역자들의 공동집필이어서 일방적이거나 편파적이지 않고 포괄적으로 다양한 내용을 갖추고 있다.

　이 기도집이 한국교회에 도움이 되기 바라며, 목회에 실질적인 도움을 주는 책자들을 많이 출판하고 있는 한국문서선교회가 좋은 뜻을 가지고 이 기도집을 펴내는 것에 대해 깊은 감사를 드린다.

집필자의 뜻을 모아 변 한 규 목사 씀

차 례

I. 축하 심방기도

1. 출생 ································ 13
2. 생일 ································ 14
3. 회갑 ································ 15
4. 약혼 ································ 16
5. 결혼 ································ 17
6. 입학 ································ 18
7. 졸업 ································ 19
8. 입사·승진 ······················ 20
9. 이사·입주 ······················ 21
10. 개업 ······························ 22
11. 사업확장 ························ 23
12. 당선(임관) ···················· 24
13. 임신 ······························ 25
14. 제대 ······························ 26
15. 퇴원 ······························ 27
16. 수상 ······························ 28
17. 새 아파트 입주 ············· 29
18. 벤처기업 창업 ··············· 30

II. 환난·위로 심방기도

1. 환자 ································ 33
2. 입원 ································ 34
3. 수술 ································ 35
4. 임종 ································ 36
5. 입관 ································ 37
6. 영결 ································ 38
7. 하관 ································ 39
8. 유족 위로 ························ 40
9. 추도식 ···························· 41
10. 사업 실패 ······················ 42
11. 불합격(학교) ················· 43
12. 취직시험 실패 ················ 44
13. 별거 ······························ 45
14. 이혼 ······························ 46
15. 재난 ······························ 47
16. 도난 ······························ 48
17. 교통사고 ························ 49
18. 실종 ······························ 50
19. 실직 ······························ 51
20. 가난 ······························ 52

21. 근심 중에 있는 자 …… 53
22. 가정 불화 …………… 54
23. 신체장애인 …………… 55
24. 수감자의 가정 ………… 56
25. 일자리를 잃은 가정 …… 57
26. 해외 거주 가족의 별세 … 58

III. 대심방기도

1. 말씀충만 ……………… 61
2. 성령충만 ……………… 62
3. 기쁨충만 ……………… 63
4. 기도생활 ……………… 64
5. 감사생활 ……………… 65
6. 찬송생활 ……………… 66
7. 경건생활 ……………… 67
8. 성결한 생활 …………… 68
9. 구원의 도리 …………… 69
10. 중생의 도리 …………… 70
11. 영생의 도리 …………… 71
12. 믿음생활 ……………… 72
13. 소망의 삶 …………… 73
14. 사랑을 실천하는 삶 …… 74
15. 가정교육 ……………… 75
16. 지혜로운 생활 ………… 76
17. 성실한 생활 …………… 77
18. 행복한 생활 …………… 78
19. 주님과의 교제 ………… 79
20. 성도의 교제 …………… 80
21. 긍정적 삶 …………… 81
22. 전도와 선교 …………… 82
23. 복된 생활 …………… 83
24. 천국과 지옥 …………… 84
25. 신유 은사 …………… 85
26. 종말을 준비하며 ……… 86
27. 재림 소망 …………… 87
28. 온유와 겸손 …………… 88
29. 교만과 자만 …………… 89
30. 순종과 복종 …………… 90
31. 충성과 봉사 …………… 91
32. 열심과 헌신 …………… 92
33. 용서와 칭찬 …………… 93
34. 협동과 단결 …………… 94
35. 인내와 끈기 …………… 95
36. 자비와 양선 …………… 96
37. 절제생활 ……………… 97
38. 팔복(산상수훈) ………… 98
39. 예수님의 비유 ………… 99
40. 예수님의 이적 ………… 100
41. 새해맞이심방 ………… 101
42. 가을추수심방 ………… 102

IV. 격려 심방기도

1. 새로 믿는 신자 …………………………………… 105
2. 주일을 잘 지키지 못하는 신자 ………………… 106
3. 열심이 식은 신자 ………………………………… 107
4. 기도생활을 안 하는 신자 ……………………… 108
5. 믿다가 타락한 신자 ……………………………… 109
6. 외식적인 신자 …………………………………… 110
7. 먼 거리에서 오는 신자 ………………………… 111
8. 세상을 더 사랑하는 신자 ……………………… 112
9. 주님을 진정 사랑하지 않는 신자 …………… 113
10. 범죄하고 낙심 중에 있는 신자 ……………… 114
11. 시험에 빠져 있는 신자 ………………………… 115
12. 신앙이 동요되는 신자 ………………………… 116
13. 이단에 미혹된 신자 …………………………… 117
14. 재물에 집착하는 신자 ………………………… 118
15. 약속을 지키지 않는 신자 …………………… 119
16. 우상과 미신을 완전히 버리지 못한 신자 … 120
17. 장기 결석하는 신자 …………………………… 121
18. 말이 많은 신자 ………………………………… 122
19. 술, 담배를 끊지 못하는 신자 ……………… 123
20. 원수 맺고 사는 신자 ………………………… 124
21. 교회에 불평 불만이 있는 신자 …………… 125
22. 교우간에 불화가 있는 신자 ………………… 126
23. 불효하는 신자 ………………………………… 127
24. 불신 주인 밑에서 근무하는 신자 ………… 128
25. 인가귀도 되지 못한 가정 …………………… 129

26. 입대하는 신자와 그 가정 ·· 130
27. 수태하지 못하여 고민하는 가정 ···································· 131
28. 무사안일에 빠진 신자 ·· 132
29. 출국(임시)하는 가정 ··· 133
30. 이민 가는 가정 ·· 134
31. 해외에 취업 나간 가족이 있는 가정 ···························· 135
32. 노부모를 모신 가정 ·· 136
33. 인색한 가정 ·· 137
34. 맞벌이 부부의 가정 ·· 138
35. 낙심했다가 재결심한 신자 ·· 139
36. 해외 취업에서 돌아온 가정 ·· 140
37. 생업이 번창한 가정 ·· 141
38. 자녀의 축복을 받은 가정 ·· 142
39. 절망을 극복한 신자 ·· 143
40. 정의감이 있는 신자 ·· 144
41. 능력받기 원하는 신자 ·· 145
42. 좋은 성품을 가진 신자 ·· 146
43. 신용불량자가 된 신자의 가정 ······································ 147
44. 자녀가 환각제를 복용하는 가정 ·································· 148
45. 자녀가 컴퓨터 게임에 중독된 가정 ···························· 149

V. 전도 심방기도

1. 기독교를 반대하는 사람 ·· 153
2. 하나님이 없다고 하는 사람 ·· 154
3. 예수의 신성을 부인하는 사람 ·· 155
4. 성경을 부인하는 사람 ·· 156

5. 내세나 심판을 부인하는 사람 ·················· 157
6. 죄가 없다고 하는 사람 ························· 158
7. 믿기를 후일로 미루는 사람 ···················· 159
8. 죽을 즈음에 믿겠다는 사람 ···················· 160
9. 우상숭배하는 사람 ···························· 161
10. 믿으면 핍박받을 것이라 우려하는 사람 ········ 162
11. 조상숭배 문제로 못 믿겠다는 사람 ············ 163
12. 교회 안 나가도 믿는다는 사람 ················ 164
13. 자신의 의를 내세우는 사람 ··················· 165
14. 죄가 너무 많아서 못 믿는다는 사람 ··········· 166
15. 종교는 다 같다는 사람 ······················· 167
16. 악습에 젖어 있는 사람 ······················· 168
17. 이미 늦었다는 사람 ·························· 169
18. 술, 담배 문제 때문에 못 믿겠다는 사람 ······· 170
19. 가족이 믿으니 함께 구원받을 것이라는 사람 ·· 171
20. 믿는 특정인을 보고 교회 안 나가겠다는 사람 · 172
21. 생명공학의 발전을 보니 하나님이 없다 하는 사람 · 173
22. 교회의 나쁜 평판 때문에 못 나가겠다고 하는 사람 · 174

Ⅵ. 교회직분자를 위한 심방기도

1. 목사 ·················· 177
2. 장로 ·················· 178
3. 집사 ·················· 179
4. 권사 ·················· 180
5. 구역장 ················ 181
6. 권찰 ·················· 182
7. 교사 ·················· 183
8. 성가대원 ·············· 184
9. 교회직원 ·············· 185
10. 사찰 ················· 186
11. 교육전도사 ··········· 187
12. 심방전도사 ··········· 188

Ⅶ. 직업인을 위한 심방기도

1. 건축업자 ················ 191
2. 경제인 ··················· 192
3. 경찰관 ··················· 193
4. 공무원 ··················· 194
5. 공업인 ··················· 195
6. 과수원 경영인 ········ 196
7. 광부 ······················ 197
8. 교육자 ··················· 198
9. 군인 ······················ 199
10. 기술자 ·················· 200
11. 노동자 ·················· 201
12. 농부 ····················· 202
13. 목축업자 ··············· 203
14. 법조인 ·················· 204
15. 사무원 ·················· 205
16. 상인 ····················· 206
17. 세무공무원 ············ 207
18. 언론인 ·················· 208
19. 원예업자 ··············· 209
20. 어부 ····················· 210
21. 예술인 ·················· 211
22. 외항선원 ··············· 212
23. 운전기사 ··············· 213
24. 은행원 ·················· 214
25. 의사 ····················· 215
26. 약사 ····················· 216
27. 출판인 ·················· 217
28. 체육인 ·················· 218
29. 정치인 ·················· 219
30. 회사원 ·················· 220
31. 간호사 ·················· 221
32. 문인 ····················· 222
33. 컴퓨터 프로그래머 ··· 223
34. 증권회사 직원 ········ 224
35. 보험설계사 ············ 225
36. 물류사업자 ············ 226
37. 대형매장 종사자 ····· 227
38. 이동통신업자 ········· 228

Ⅷ. 연령별 심방기도

1. 유아 ······················ 231
2. 어린이 ··················· 232
3. 중·고등학생 ··········· 233
4. 대학생 ··················· 234
5. 청년 ······················ 235
6. 장년 ······················ 236
7. 노년 ······················ 237

1. 축하 심방기도

심방시 필요한 말씀요약

1. 출생(시 127:3~5 / 340·433)
제목: 하나님의 선물
1) 아기는 하나님의 선물입니다.
2) 부모는 청지기의 사명을 분명히 하여 아기를 양육해야 합니다.

2. 생일(욥 1:4~5 / 434·460)
제목: 욥 가정의 생일
1) 자녀들이 형통하길 기도했습니다.
2) 형제들이 화목하길 기도했습니다.
3) 범죄하지 않기를 기도했습니다.

3. 입학(딤후 3:14 / 234·235)
제목: 배우고 확신한 일에 거하라
1) 배움의 목표를 정확히 세우는 것이 필요합니다.
2) 확신한 일에 거하기 위해 힘쓰는 생활이 있어야 합니다.

4. 졸업(수 1:1~6 / 358·485)
제목: 새로운 시작
1) 졸업은 새로운 또 하나의 시작을 의미합니다.
2) 모세의 시대가 끝남으로 여호수아가 세워졌듯이 졸업에는 새로운 사명이 부여됩니다.

5. 개업(신 28:12~14 / 378·379)
제목: 하나님 중심의 사업
1) 하나님이 사업의 주인이 되어야 합니다.
2) 믿음으로 경영할 때 하나님께서 성취해 주실 것입니다.
3) 공헌과 헌신이 있는 사업체가 되기 바랍니다.

6. 회갑(시 91:14~16 / 490·492)
제목: 장수의 참뜻
1) 장수는 하나님의 말씀을 지켜 행하는 자에게 주시는 축복입니다.
2) 오래 살수록 값있게 살아야 할 책임이 있습니다.
3) 진정한 장수는 하나님과 함께 사는 삶입니다.

7. 건축(시 118:15~16 / 24·245)
제목: 의인의 장막
1) 장막생활에는 하나님의 함께하심이 필요합니다.
2) 정직한 사람의 장막은 흥합니다.
3) 이 장막 속에 늘 기뻐하는 일들이 있음을 하나님께 감사하시기 바랍니다.

1. 출생

생명의 근원이신 하나님! 하나님의 선하신 예정 중에서 이 귀한 아기를 출생하게 하시니 감사합니다. 산모에게 건강을 주시고 이 아기의 출생으로 인하여 부모의 신앙이 더욱 성숙하게 하시며, 이 가정이 하나님의 손길을 구체적으로 체험하는 복을 주옵소서.

이 아기가 키가 자라고 지혜가 자라감에 따라 우리 주님을 닮아 가게 하옵소서. 사무엘처럼 성전을 중심으로 자라게 하시며 부모는 아기를 주님께 맡겨 주님의 뜻에 맞도록 키우게 하옵소서.

이 아이의 육신이 늘 강건하게 하시고 영이 윤택하게 하시어 자라서 주님의 귀한 일을 이루는 일꾼이 되게 하옵소서.

이땅을 다녀가면서 할 일을 다 못하고 간 사람이 많은 중에, 이 어린 생명은 오래오래 살면서 주님의 많은 일을 이루고 주님 앞에 가도록 장수의 복을 주시며, 그 평생의 길을 주께서 친히 인도하옵 소서.

하나님이 사람을 이땅에 보내실 때는 그를 통해서 이루려는 뜻이 있으신 줄 믿사오니 이 아기를 통해 이루려는 하나님의 뜻이 남김없이 이루어지게 하옵소서.

우리의 인생길을 지키시는 하나님, 이 아기의 삶이 승리의 날들이 되게 하옵소서. 주님께 영광 돌리는 생을 사는 것은 물론이거니와 많은 사람의 유익을 위하여 살게 하시고, 그의 삶도 늘 풍요롭게 하옵소서.

이 세상을 살아가는 데 필요한 일용할 양식과 물질을 부족함 없이 부어 주옵소서.

생명의 근원이신 주 예수님의 이름으로 기도 드립니다. 아멘

2. 생 일

성도들의 삶을 지키시며 돌보시는 하나님!
하나님의 인도하심 따라 이제까지 살아온 이 귀한 성도의 생일을 맞이하여 하나님께 예배 드리게 하시니 감사합니다.
오늘, 지나온 날들을 감사함으로 돌아보며 앞으로의 날들을 소망 가운데 설계하는 시간이 되게 하시어 더욱 풍성하고 복된 날들로 채워 주옵소서. 광야 같은 세상에서 이 성도를 만나와 메추라기로 먹이시고 불과 구름기둥으로 이끌어 주심을 감사 드립니다. 오늘 이후로 더욱 강건하게 하셔서 마지막 날까지 주님과 동행하는 삶이 되게 하옵소서.
이 성도에게 생명을 허락하시고 지금까지 인도하신 하나님, 앞으로도 아버지께서 원하시는 길로 이 성도를 인도해 주옵소서.
우리 인생은 연약합니다. 우리의 남은 생애 중에 욥과 같은 환난이 없게 하시고, 빛 가운데로 인도하셔서 밤이 임하지 않게 하옵소서. 혹시 어두움을 만날지라도 은혜의 길로 이끌어 주시는 하나님 아버지께서 진리의 등불을 바라보게 하옵소서.
사랑으로 우리를 이끄시는 하나님, 이 성도가 하나님의 보호에 둘러싸여 빛 가운데 걷게 하시고 해마다 맞는 생일이 주님 보시기에 더욱 아름다운 날들이 되게 하옵소서. 오늘 이후 다시 시작하는 한날한날이 기도와 경건한 삶이 되게 하셔서 하나님과 이 성도 간에 사랑의 띠가 견고하게 매어져 어떠한 바람에도 넘어지지 않게 하옵소서.
다같이 기뻐하며 축복하는 이 생일이 오직 우리 하나님께만 영광과 존귀를 돌리는 날이 되게 하옵소서.
주 예수 그리스도의 이름으로 기도 드립니다. 아멘

3. 회 갑

　모든 산 자의 입술을 통해 찬양받으실 여호와 하나님!
　이 기쁜 연회에서 저희 모두가 즐거운 마음으로 예배를 드리게 하시니 감사합니다.
　오늘 회갑을 맞이한 이 성도에게 갑절의 은혜를 덧입혀 주옵소서. 그의 신앙과 삶을 자녀들이 기리게 하시고 믿음의 대를 이어가게 하옵소서. 믿음으로 살기 위해 힘써온 날들이 자녀들에게 본보기가 되게 하옵소서.
　지난날을 지켜 주신 하나님께서 앞날도 인도하시고 지켜 주실 것을 믿어 의심치 않습니다. 앞으로 이 성도의 삶이 더욱 빛나고 복되게 하옵소서.
　사랑의 하나님 아버지!
　이 성도가 지금까지 하나님을 위하여 산다고 하였지만 그 가운데는 자신을 위한 삶도 있었을 것입니다. 남은 생애는 오직 하나님만을 위한 삶이 되게 하옵소서. 더욱 건강하고 경건하게 하셔서 독수리가 날개 치며 올라감 같이 그의 믿음과 건강과 용기가 용솟음치게 하옵소서.
　60평생을 긍휼 가운데 인도하여 주신 하나님이시여, 그 얼굴빛을 이 성도에게 비추시어 나머지 생애는 하나님의 구원을 만방 중에 알리는 일에 힘쓰게 하옵소서. 또한 가족을 위해, 교회를 위해, 국가를 위해 더 열심히 기도하는 성도가 되게 하옵소서. 매일매일이 기쁨과 놀라움이 넘치는 삶이 되게 하옵소서.
　이 성도에게 허락하신 생명의 끝이 하나님을 찬양하게 하옵소서. 존귀하신 예수님의 이름으로 기도 드립니다. 아멘

4. 약 혼

　소망 중에 새 생활을 갖게 하시는 하나님 아버지!
　하나님의 귀한 복 가운데 오늘 이들이 약혼예배를 드리게 하시니 참으로 감사합니다. 사람의 언약이라도 정한 후에는 아무나 폐하거나 더하거나 하지 못하는 법인데 하나님 앞에서 맺은 이 약속이 변개(變改)되는 일이 없게 하옵소서. 원하옵기는 이들의 약혼기간이 앞으로의 결혼과 복된 가정을 위한 충실한 준비기간이 될 수 있도록 인도하여 주옵소서.
　하나님께서 오늘 약혼예배를 드리고 있는 이 두 사람의 손을 잡아 주시어서 순결과 온전함으로 서로를 지켜 나아가게 하시고, 모든 사람의 축복 가운데 결혼예배를 드리는 그날까지 더욱 강건하게 하옵소서.
　이들이 아브라함의 자손이 되어, 믿음의 아들과 딸로 하나님께서 택하고 정하여 인도하신 이삭과 리브가가 되게 하셔서 믿는 가정에 기쁨이 되고, 모든 민족 위에 뛰어난 믿음의 가정을 이루게 하옵소서. 서로에게 좋은 배우자를 준비시켜 주시고 만나게 하신 하나님 아버지! 주님의 인자와 성실을 끊이지 않게 하시고 하나님의 길로 저들을 인도하시며 주님의 빛으로 저들을 감싸시어 지켜 주옵소서.
　처음 만날 때의 조심스러움과 사랑하는 마음이 시간이 흐를수록 더하게 하옵소서. 두 사람의 계획과 원하는 것이 서로에게 소중하게 받아들여지게 하옵소서.
　지금부터 계획하는 하루하루가 은혜의 샘을 이루게 하시고, 아름다운 노래들이 되어 아버지를 찬양하게 하며 기쁜 삶이 되게 하옵소서. 감사함으로 두 영혼이 손을 잡게 하옵소서.
　예수님의 이름으로 기도 드립니다. 아멘

5. 결혼

　가나의 혼인잔치에 오셔서 기적을 베풀어 복 주신 주님, 오늘 이 자리에 오셔서 이 신랑과 신부에게도 복을 내려 주옵소서.
　좋은 출발을 이루게 하신 하나님, 점점 더 행복하고 좋아지는 가정이 되게 하셔서, 인생의 동반자가 되기로 약속한 이 두 사람에게 하늘문을 여시고 은혜와 복을 충만히 내려 주시길 간절히 기도 드립니다.
　이들이 이루는 가정에 하나님을 호주로 모시며 신앙과 사랑으로 살게 하시고, 하나님께 모든 일을 의탁하며 신뢰받는 두 사람이 되게 하옵소서.
　하나님께서 이 어두운 세상에서 하나님의 귀한 백성을 보존하고 그들을 통해 영광 얻기를 원하심으로 오늘 이들의 결혼을 허락하신 줄 믿습니다. 부디 이 결혼이 주님 안에서 온전히 지켜질 수 있도록 친히 도우시고, 이 세상을 향한 하나님의 선하신 뜻이 이루어지는 복된 가정이 되게 하옵소서.
　하나님께 충성하고 부모에게 효도하며 이웃에게 빛이 되는 귀한 가정이 되고, 하나님나라와 이땅에 반드시 필요한 가정이 되도록 이끌어 주옵소서.
　많은 사람이 이 가정을 통하여 즐거워하며 기뻐하게 하시고, 좋은 후손도 허락하여 주옵소서. 자자손손 믿음의 뿌리가 깊이 내려 좋은 열매만이 가득 맺혀지는 가정이 되게 인도해 주소서. 또한 이들이 자기 가정의 울타리만 높이 쌓고 살지 않게 하시고 지상의 빛이 되게 하소서.
　새롭게 시작하는 이 가정의 주인 되시는 예수님의 이름으로 기도 드립니다. 아멘

6. 입 학

지혜의 근원이신 여호와 하나님! 이 어린이를 세상에 보내시고 잘 자라게 하셔서 오늘 학교에 입학하게 하심을 감사 드립니다.

입학하는 이 시간부터 졸업하는 그날까지 이 어린이와 동행하시며, 선한 경쟁의 마당에서 승리하게 하옵소서. 택한 자들을 슬기와 명철로 깨우쳐 주시는 하나님께서 이 어린이가 학업 중에 있는 동안 이해력과 암기력을 부어 주시며 굳은 의지를 주옵소서. 또한 이 어린이가 부모의 기쁨이 되고 스승의 자랑이 되도록 인도해 주소서.

입학의 첫걸음부터 지켜 주시고, 하나님이 원하시는 목표까지 걸어갈 수 있도록 도와주셔서 도중에 낙오하거나 좌절하지 않게 하옵소서.

하나님을 경외하는 것이 지혜의 근본임을 깊이 알게 하시어 먼저 하나님을 섬기는 일에 열심을 내게 하옵소서. 지식의 폭이 넓어져 갈수록 하나님을 아는 지식이 깊어지게 하옵시며, 그의 총명이 밝아짐과 함께 하늘의 지혜를 터득하게 하소서.

성경은, 미련한 사람은 지혜와 훈계를 멸시한다 하였는데 이 귀한 자녀가 배우는 마당에서 그 아비의 훈계를 떠나지 말며, 그 어미의 법을 떠나지 않도록 인도하여 주옵소서.

이 어린이에게 좋은 선생님과 좋은 친구들을 허락하시고, 또한 이 어린이가 좋은 학생, 좋은 친구가 되게 하옵소서.

이 어린이가 배우는 학문이 주님의 평화를 이땅에 이루게 하는 일에 쓰임받게 하옵소서.

예수 그리스도의 이름으로 기도 드립니다. 아멘

7. 졸 업

지혜와 지식이 한이 없으신 하나님 아버지, 하나님의 선한 손길을 찬양합니다. 이 자녀를 돌보시어 오늘 학업의 과정을 마치게 하시니 감사 드립니다.

이제 정든 학교를 떠나 새로운 환경을 맞이하게 됩니다. 여호수아가 가나안 땅에 들어가듯 힘차게 들어가게 하소서. 이 자녀가 오직 하나님의 손을 붙들고 나아가게 하옵소서. 그의 생애에 하나님께서 승리의 깃발이 되어 주옵소서.

우리의 앞길을 인도하시는 하나님 아버지!

이 자녀가 졸업은 끝이 아니라 시작인 것을 알게 하시고, 이제부터 인생의 또 다른 광장에서 선한 일을 위하여 싸워야 할 것임을 인식하게 하소서. 무엇보다도 믿음을 지키게 하시어 의의 최후 승리를 믿으며 영광의 면류관을 위하여 걷는 복되고 힘찬 그의 길을 인도해 주시길 간절히 바랍니다.

하나님께서 제자들을 파송하시며 "내가 너희를 보냄이 양을 이리 가운데 보냄과 같도다 그러므로 너희는 뱀같이 지혜롭고 비둘기같이 순결하라"고 하신 말씀을 이 자녀가 오늘 자기에게 주시는 말씀으로 받아들이게 하옵소서. 늘 하나님 앞에 있는 것을 잊지 말고 생각하며 행동함으로 좋은 열매를 맺어 주님께 드리게 하옵소서.

변함 없는 은총으로 우리를 도우시는 하나님 아버지!

한 단계 높은 차원의 학문을 연구하거나 사회인으로 발을 옮길 때에 두려움이 없게 하시고, 용기를 갖고 출발하게 하소서. 하나님께서 주신 지혜와 총명과 좋은 생각들을 선하게 사용할 수 있게 도와주옵소서.

우리의 길을 인도하시는 예수님의 이름으로 기도 드립니다. 아멘

8. 입사 · 승진

오, 좋으신 하나님 아버지!
이 좋은 날을 주셔서 기쁨을 나누며 하나님을 찬양하게 하시오니 감사 드립니다.
이 기쁜 일을 허락받은 이 성도를 더욱 강한 손으로 붙드시어 늘 새롭고 능력 있는 삶을 살게 도와주옵소서. 이 성도에게 새로 맡겨진 일을 잘 감당케 하시고 장래를 밝게 하시며, 성도와 만나는 모든 사람들에게 예수 그리스도의 향기가 전해지게 하소서.
"내가 나 된 것은 주님의 은혜로라"고 고백한 사도 바울의 믿음처럼 언제나 하나님의 은혜 안에서 감사의 삶을 살게 하시고, 믿음과 인격이 균형을 이루게 하옵소서. 또한 열매 없고 잎만 무성한 무화과나무가 아니라 알찬 생활로 맺은 많은 열매를 땅 위의 창고와 하늘의 창고에 들이게 하옵소서.
하나님 아버지, 이 성도가 하나님을 섬기는 것처럼 상사를 지혜로 잘 받들게 하시고, 일을 할 때는 사람 앞에서 하는 것이 아니라 하나님 앞에서 하듯 진실하고 충성을 다하게 하옵소서. 또한 좋은 동료가 되게 하시고, 아랫사람에게는 사랑으로 대하는 넉넉한 상사가 되게 하옵소서. 더욱 인정받는 존재가 되어 직장에서 없어서는 안 될 존재가 되게 하소서.
이 성도가 섬기는 직장이 이 성도를 통해 더욱 복되게 하옵소서. 이제까지 배우고 애쓴 것이 인정받아 오늘 이 기쁨을 누리게 되었는데 하나님의 일에도 충성하여 하나님 앞에 더욱 인정받는 일꾼이 되게 하소서. 이 직장에서 주의 말씀을 생명력 있게 전파할 수 있는 입술과 행동이 되게 하옵소서.
주 예수 그리스도의 이름으로 기도 드립니다. 아멘

9. 이사 · 입주

택하신 백성이 입고 먹고 거하는 것을 책임져 주시는 하나님!
이 가정이 새로운 보금자리를 마련하고 이사하게 하셨으니 감사드립니다. 지금까지 이 가정에 베푸신 하나님의 사랑도 크지만, 이후로 더욱 큰복과 은혜를 베풀어 주옵소서.

이 세상에서 우리의 발걸음을 보호하시는 하나님! 새로 이사한 이 지붕 아래서 이루어지는 가정의 모든 일들이 하나님의 뜻에 합당하게 하시고, 순간순간마다 이 가정의 보호자가 되어 주옵소서.

이 가정에 하나님의 평안이 늘 깃들게 하시고, 하나님이 주시는 복을 받기에 합당한 가정이 되게 하소서. 이 집의 주인은 오직 하나님이시니 가정생활의 전부를 주장하여 주옵소서.

믿음의 조상들이 간 곳마다 제단을 쌓은 것같이 이곳에 거하는 동안 날마다 제단을 쌓고 하나님을 찬양하며 하나님의 음성에 귀기울이게 하옵소서. 여호와께서 집을 세우지 않으시면 세우는 사람의 수고가 헛된 줄 저희가 압니다. 하는 일들이 헛되지 않도록 하나님께서 이 집을 지키시고 인도해 주옵소서.

우리의 출입을 살피시는 하나님!
하나님께서는 그 사랑하시는 백성에게 잠을 주신다고 하셨사오니, 이 집에 거하며 살아가는 모든 믿음의 식구들이 평안히 잠들고 일어나도록 낮과 밤을 지켜 주옵소서. 이 집에 출입하는 발걸음을 하나님께서 인도하시어 나갈 때나 들어올 때 복된 생활이 되게 하소서. 하나님의 그 빛을 이 집에 비추지 않으시면 흑암이 찾아올 것을 아오니, 하나님의 따뜻한 햇살을 이 집과 여기 거하는 모든 가족들에게 비추어 주옵소서.

집을 지켜 주시는 예수님의 이름으로 기도 드립니다. 아멘

10. 개 업

은혜와 사랑이 풍성하신 우리 하나님!

오늘 주께서 사랑하시는 성도가 새 사업을 시작하면서 먼저 하나님께 예배 드림으로 감사와 영광을 돌리고자 하오니 이 예배를 받아 주옵소서.

살렘 왕 멜기세덱이 떡과 포도주를 가지고 와서 아브라함을 축복함과 같이 저희들도 이 자리에 모여 하나님께 이 사업을 축복해 주시기를 구하옵니다. 아브라함에게 복을 주시고 그가 경영하는 모든 일에 함께하사 창대케 하신 하나님께서, 이 성도가 시작한 일을 한걸음 한걸음 친히 인도하여 주소서.

경영하는 모든 일을 주께 맡기고 의지하는 마음으로 사업을 하게 하시고, 오직 하나님이 복 주실 때 모든 것을 이룰 수 있다는 신앙으로 일관하게 하옵소서. 그래서 "네 시작은 미약하였으나 네 나중은 심히 창대하리라" 하신 말씀이, 이 사업에 그대로 임하는 복을 누리기에 부족함이 없게 하소서.

이같이 좋은 날을 주신 하나님께 감사하며, 하늘의 뜻을 구하는 성도에게 성실한 인내를 허락하시고 언제나 변함없는 당신의 사랑에 만족하게 하소서. 먹든지 마시든지 무엇을 하든지 하나님의 영광을 위해서만 하게 하옵소서.

눈물을 흘리며 씨를 뿌리는 자는 기쁨으로 단을 거둔다고 하신 언약의 말씀을 믿사오니 힘써 노력하여 사업의 씨를 뿌림으로 기쁨의 열매를 풍성히 거두게 하옵소서. 하는 사업이 잘됨이 하나님의 창고를 가득하게 하는 일이 되게 하시고, 개업과 더불어 범사가 잘 되는 은총을 허락하시되 정직과 성실로 식물을 삼게 하옵소서.

열매를 풍성하게 주시는 예수님의 이름으로 기도 드립니다. 아멘

II. 사업확장

복의 근원이시며 창대하게 하시는 하나님!

주께서 사랑하시는 이 성도가 사업을 시작한 이후 '에벤에셀'의 복으로 지금까지 함께하시고 도우신 것을 감사 드립니다.

사무엘이 돌을 세워 "여기까지 도우셨다"고 하며 주님 앞에 무릎을 꿇음과 같이, 사랑하는 이 성도가 하나님께서 도우시는 은혜를 감사하면서 저희들과 함께 믿음으로 무릎 꿇고 찬송과 기도로 예배의 돌을 세우오니 그 중심을 보시고 이 예배를 흠향하시며 영광받아 주옵소서.

이 사업이 더욱 확장되어 번창함으로 사랑하는 성도가 주의 몸된 교회를 더욱 힘있게 봉사하기를 원합니다. "너의 지경을 넓히라" 또 "땅을 정복하라" 하신 말씀은 하나님의 택하신 백성들이 그들의 믿음의 영역과 경영하는 사업의 지경을 넓힘으로 하나님나라의 영역을 더욱 넓히라는 명령이며 복의 말씀인 줄 압니다. 아브라함과 이삭과 야곱을 축복하셔서, 그들이 경영하는 모든 일을 점점 더 번성하게 하신 하나님께서 사랑하는 이 성도의 사업도 더욱 확장되도록 은총 내려 주옵소서.

우리의 받은 것과 갖고 있는 모든 것이 우리 하나님의 것인즉 다 주님의 뜻대로 사용되어지기를 바랍니다. 없는 데서 있게 하신 하나님은 우리를 더 많은 복으로 채워 주실 줄 믿습니다.

아브라함에게 "눈을 들어 동서남북을 멀리 바라보라" 하시고 "그 땅을 네게 주리라"고 약속하신 하나님, 그 축복의 약속을 이 성도에게도 주옵소서. 또한 하나님의 복을 가난하고 불행한 이웃과 함께 나누는 마음도 허락하옵소서.

우리와 같이하시는 예수님의 이름으로 기도 드립니다. 아멘

12. 당선(임관)

아버지 하나님! 허락하신 그 놀라운 은혜를 인하여 감사 드립니다. 이 기쁨은 하나님이 주신 기쁨이오니 모든 영광을 아버지께 돌려 드립니다. 오직 하나님의 이름만 높이 드러나게 하옵소서.

하나님, 오늘 이 은혜를 주셨사오니 이제 당신의 뜻에 합당한 삶을 살 수 있는 지혜와 용기를 주셔서 감당할 일을 주실 뿐만 아니라 감당할 능력도 주시길 간절히 바랍니다.

이 기쁨이 있기 이전에 주님과 약속한 것을 지키게 하시고, 사람과 약속한 것들도 지킬 수 있는 능력을 주소서. 경쟁자들에게 너그러운 마음을 주옵소서. 지금부터 더욱 봉사하게 하시고 아버지께 온전히 순종케 하옵소서. 교만하지 않게 하시고 유혹에 빠지는 일이 없도록 이끌어 주옵소서. 의를 위한 일들은 믿음의 확신을 갖고 추진하게 하시고, 불의한 일을 대할 때는 하나님의 백성답게 단호히 물리칠 수 있는 용기도 주옵소서.

사랑의 하나님 아버지!

성도에게 주신 이 기쁨 뒤에는 더 무거운 책임이 있는 것을 알게 하소서. 앞으로 어려운 일이 닥쳐와도 함께 해주실 것을 믿습니다. 불의와 사단의 권세와 하나님을 대적하는 악마의 무리와 싸워야 하는 사명이 있는 것을 알게 하소서. 믿음의 방패를 갖고 악한 자의 모든 화전을 소멸케 하옵소서.

자신만을 위하여 오늘의 명예를 사용하지 않게 하시고 이 사회와 나라와 하나님만을 위하여 사용하게 하옵소서. 주신 오늘의 감격과 다짐으로 매일매일을 살아가게 하옵소서.

늘 은혜를 주시는 예수님의 이름으로 기도 드립니다. 아멘

13. 임 신

생명의 근원이신 하나님! 아버지의 섭리 가운데 이 자매의 태중에, 한 생명을 지으시고 자매를 통하여 하나님께 찬송을 돌리게 하시니 감사 드립니다. 이 자매가 경건한 생각과 말과 행동에 더욱 힘쓰고, 깊은 은혜의 자리에 들어가게 하옵소서. 근심이 없게 하시고 평안 속에 출산의 그날을 기다리게 하시며 건강을 주셔서 순산의 기쁨을 누리게 하옵소서.

새 생명을 주신 하나님 아버지!

이 자매가 날마다 선한 생각 속에 아버지와 동행함으로 아버지께서 주신 어린 생명이 선하고 건강하게 자라게 하옵소서. 잉태한 생명을 맡아 주관하시고 새 생명이 탄생하여 주의 영광이 되게 하옵소서. 한나의 기도를 들으시고 잉태하게 하신 하나님의 은혜가 이 자매에게도 임하였사오니, 새로운 생명이 온전히 하나님의 은혜인 것을 알고 날마다 감사와 찬송을 드리게 하옵소서.

태교의 중요성을 알게 하시고 자궁이 최초의 교실인 것을 또한 깨닫게 하셔서, 이 자매가 허락받은 새 생명의 좋은 선생이 되게 하옵소서. 또한 아들을 주시면 사무엘처럼 성전에서 자라 아버지께 드려지는 종이 되게 하시고, 딸을 주시면 에스더처럼 나라와 민족을 위해 봉사하는 귀한 여종이 되게 하옵소서. 어느 경우에나 감사하게 하시고 기쁨이 넘치게 하옵소서.

경건한 자매에게 자녀를 주신 것은 이땅에서 경건한 백성을 창성케 하고자 하시는 하나님의 섭리인 줄 아오니, 양육하는 일에 정성을 다하게 하옵소서. 이 어린 생명으로 인하여 온 가정이 기뻐하게 하시고 믿음이 더하게 해주소서.

생명의 근원 되시는 예수님의 이름으로 기도 드립니다. 아멘

14. 제 대

　은혜와 사랑이 많으신 하나님! 아버지께서 사랑하시는 이 아들이 국가의 부름을 받아 군에 입대한 이래 지금까지 하나님께서 보호하시고 함께해 주시어 소정의 복무를 무사히 마치고 제대하게 되었음을 감사 드립니다.
　사무엘이 블레셋 군대를 물리친 후 돌을 취하여, 미스바와 센 사이에 기념비를 세워 "여호와께서 여기까지 우리를 도우셨다"하고 '에벤에셀(도움의 돌)'이라 하였음과 같이, 군복무를 무사히 마치게 된 것은 하나님의 은혜인 줄 알고 감사하는 이 아들의 믿음을 칭찬하여 주옵소서. 이제부터 다시 시작하는 사회생활에도 함께하시어 더욱 큰 믿음으로 승리할 수 있도록 은혜 내려 주옵소서.
　군생활을 통해 성도에게 필요한 충성과 인내와 순종의 정신을 체험적으로 익힌 줄 압니다. 이 정신을 제대한 후에도 교회와 모든 생활에 잘 적용하게 하옵소서. 사랑하는 아들이 사회에서 머리가 되게 하시고, 교회에서는 작은 일부터 충성하여 기둥과 같은 인물로 삼아 주옵소서.
　사랑의 하나님, 이 성도가 군문에서 사귄 벗들을 잊지 말게 하시고, 비록 군대를 떠났으나 나라를 위한 충성된 마음은 변함없게 하옵소서. 예비역으로서 해야 할 바도 성실히 감당하게 하옵소서. 군문에서의 긴장과 규칙적인 생활습관을 지키며 일터를 지키고 후방에서 나라를 지키는 일에 앞장서는 애국심을 갖게 해주옵소서.
　제대와 함께 전개되는 생활에 하나님 아버지의 인도가 있기를 간절히 바랍니다.
　우리를 십자가의 군사로 삼아 주신 예수님의 이름으로 기도 드립니다. 아멘

15. 퇴 원

우리가 연약하여질 때 강하게 하시고, 넘어질 때에 일으켜 세우시며, 병들었을 때에 치유와 회복의 은총을 베풀어 주시는 구원의 하나님께 감사 드립니다.

육신의 연약함으로 말미암아 입원하였던 이 성도가 치료를 받고 이렇게 퇴원하게 하시니 감사합니다. "믿음의 기도는 병든 자를 구원하리니 주께서 그를 일으키시리라" 하신 말씀이 이루어진 줄로 믿습니다. 하나님의 크신 긍휼과 자비의 손길이 이 성도를 붙드셔서 이와 같이 퇴원하게 된 것을 깨닫게 하옵소서. 성도가 이후로 건강하게 하시고 하나님을 더욱 사랑하게 하옵소서.

사랑의 하나님, 입원해 있는 동안 사랑의 손길로 돌보아 준 의사와 간호사 등 의료진에게 하나님의 복이 임하기를 원하오며, 이 성도의 회복을 위하여 기도해 주신 가족과 교회 그리고 주위의 여러분을 기억하여 주시기를 간구합니다.

이 성도가 입원생활을 하는 가운데에서도 소망이 있게 하시고 더욱 열심히 기도하게 하셨음을 감사 드립니다.

하나님의 말씀은 모든 이에게 고난 중에도 위로가 되시며 평안을 주셔서 강한 힘을 얻게 해주십니다. 이 성도가 병상에서 혹 하나님께 서원한 것이 있으면 지체하지 않고 지키게 하옵소서.

이제 건강을 온전히 회복하여 그 몸을 주님의 일과 주님의 영광을 위해 바치게 하옵시고, 악마의 병기가 아닌 의로운 병기로 그 몸을 드리도록 인도하여 주옵소서. 성도의 몸은 그리스도의 성전이오니 영적 혹은 육적인 병마가 침범하지 못하도록 지켜 주옵소서.

만병의 의원이신 예수님의 이름으로 기도 드립니다. 아멘

16. 수 상

하나님 아버지!

하나님의 은총을 힘입어 이 성도가 오늘 영광스러운 상을 받게 된 것을 감사 드립니다. 상을 받기까지 애쓰고 노력한 일을 기억하여 주옵소서. 이 성도가 신앙의 경주에서도 승리하여 썩지 않을 면류관을 받는 자리까지 달려가게 도우소서. 또한 이 성도가 육체를 위해 심는 자가 되어 육체로부터 썩어질 것만을 거두는 자가 되지 않도록 인도하시고 성령을 위해 심고 거두도록 도우소서.

하나님, 이 성도에게 수상의 영광을 하나님께 돌리는 겸손함과 신앙을 주시니 감사합니다. 앞으로 모든 일에 더욱 충성하는 주의 일꾼 되게 하시고, 생명의 면류관에 대한 소망이 날로 새로워지게 하옵소서.

살아계신 하나님 아버지, 이 수상으로 교만하지 않게 하시고 행여나 이것이 시험에 드는 시초가 되지 않도록 지켜 주옵소서. 육신의 일은 다 소멸될 것이나 성령의 일은 영원한즉 영원한 주님의 일을 위하여 힘쓰다가 영원한 상급을 거두게 하소서.

이땅 위에 많은 시상 제도들이 있습니다. 공정한 심사가 이루어지게 하옵시고, 상을 받기 이전보다 상을 받은 이후가 더 중요한 것을 알게 하옵소서. 큰상을 수상한 성도답게 의연하고 실력 있는 모습을 보이게 하시고, 이 분야에서 머리가 되게 하옵소서. 장차 더 큰상도 허락해 주옵소서. 함께 노력했어도 수상하지 못한 동료들에게는 겸허한 마음을 갖게 하시고, 경쟁자들과 사랑 안에서 하나가 되어 주님 앞에 서게 하옵소서. 그의 앞날을 더욱 축복해 주시기를 간절히 원합니다.

예수님의 이름으로 기도 드립니다. 아멘

17. 새 아파트 입주

저희들에게 먹을 것과 입을 것 그리고 거할 곳을 주신 하나님!
이 가정이 새로 지은 아파트에 입주하게 하심을 감사 드립니다. 그동안 당첨되고, 아파트 대금을 지불하며 입주하기까지 불편을 참고 잘 기다리게 하신 것을 또한 감사 드립니다.

하나님, 이 아파트가 의인들의 장막이 되게 하옵소서. 기쁨의 소리, 구원의 소리가 넘치게 해주옵소서. 여호와의 오른손이 높이들려 권능을 베푸시는 은총의 장막이 되게 하옵소서.

하나님, 대부분의 사람들은 새로운 집에 입주하게 되면 새 가구를 마련하고 새롭게 꾸미기 위해 힘쓰게 됩니다. 그러나 이 가정은 그보다 먼저 믿음이 새로워지게 해주옵소서. 하나님께서 허락하신 새 아파트에서 더 열심히 가정예배를 드리게 하소서. 새 아파트에서 하나님께 영광되지 않는 일이 없게 하소서.

오늘, 이 아파트의 문에 교패(敎牌)를 붙였습니다. 예전에 이스라엘 사람들은 문설주와 바깥 문에 말씀을 기록했는데 가족들이 출입하면서 이 교패를 볼 때마다 "나는 그리스도인이다. 우리 가정은 크리스천 홈이다." 하는 사실을 마음에 새기게 하옵소서.

하나님, 새로 지은 아파트이기 때문에 생활에 편리한 여러 가지 시설이 골고루 갖추어져 있는 것을 보면서, 하늘나라에는 우리를 위해 이것보다 훨씬 더 좋은 영원한 집이 마련되어 있다는 것을 다시금 깨닫게 합니다. 반대로 새로 조성된 아파트 단지이기 때문에 교통문제를 비롯해서 불편한 점들도 있을 것입니다. 이곳에서 교회까지 가고 오는 길을 안전하게 지켜 주시며 기쁨의 길이 되게 하옵소서.

예수님의 이름으로 기도 드립니다. 아멘

18. 벤처기업 창업

처음은 미약할지라도 나중은 창대하게 하시는 하나님!

이 성도에게 벤처기업을 창업하게 하심을 감사 드립니다. 아브라함이 고향인 갈대아 우르를 떠난 것은 모험이었는데 하나님께서는 그와 같이 모험을 한, 아브라함을 축복하셔서 그의 자손이 밤하늘의 별과 같이, 바닷가의 모래같이 많게 하셨습니다. 이제 모험하는 마음으로 새 일을 시작하는 성도에게 아브라함에게 베풀었던 복을 베풀어 주옵소서.

창의력이 샘솟게 해주셔서 새로운 품목을 남보다 빨리 개발하게 하시고 새로운 아이디어가 끊이지 않게 하여 주옵소서. 이 시대에 꼭 필요한 제품들을 생산하게 하여 주옵소서. 하나님께서 기업의 보이지 않는 경영주와 조언자가 되어 주옵소서. 하나님과 늘 상의하며 이 기업을 운영하게 해주옵소서.

좋은 직원들을 보내 주시고 좋은 거래처들을 많이 만나게 해주옵소서. 해외 수출의 길도 열어 주시고, 신실한 기업으로 알려지게 하여 주옵소서.

이 세계는 경쟁이 유난히 심한데, 머리가 되고 꼬리가 되지 않게 해주옵소서. 꾸어줄지라도 꾸지 않게 해주옵소서. 또한 예배로 일을 시작하고 기도로 일을 끝내게 하옵소서. 주님께 영광이 되지 않는 일이라면 눈앞의 이익이 아무리 크더라도 과감하게 물리치게 하옵소서. 선교를 위해 수익의 십일조를 바치게 하옵소서.

창업을 하면서 두려움도 있을 것입니다. "두려워하지 말라 내가 너와 함께한다"는 하나님의 음성을 듣게 해주옵소서. 주여 동행하옵소서.

예수님의 이름으로 기도 드립니다. 아멘

II. 환난 · 위로 심방기도

심방시 필요한 말씀요약

1. 환자(말 4:2 / 217 · 394)
제목: 병상에서 하나님 경외
1) 병상에서도 하나님을 경외하는 것은 병이 낫는 선행 조건입니다.
2) 하나님을 경외하는 자에게는 치료의 광선을 발하십니다.

2. 환자(롬 8:31~39 / 454 · 487)
제목: 그리스도의 사랑
1) 그리스도 예수 안에 있는 하나님의 능력은 강합니다.
2) 그리스도의 사랑을 믿을 때 사단이 물러갈 수밖에 없습니다.

3. 입원(사 42:6~9 / 455 · 509)
제목: 하나님의 위로
1) 하나님께서 우리를 그리스도의 의로써 불러주셨습니다.
2) 하나님께서 능력의 손으로 우리 손을 잡아 보호하여 주십니다.
3) 하나님께서 건강한 육신으로 우리를 선한 일 하도록 도우십니다.

4. 실종(신 32:10~14 / 256 · 453)
제목: 눈동자같이
1) 재난을 극복하는 인내심이 있어야 합니다.
2) 재난의 건너편에는 은총의 유익이 있습니다.
3) 사고 중에도 함께하시는 하나님의 보호를 의지하십시오.

5. 사업실패(사 40:27~31 / 363 · 394)
제목: 새힘 얻는 비결
1) 어떠한 형편에 있든지 하나님은 아십니다. 하나님을 믿으십시오.
2) 성도가 여호와를 앙망하면 새힘을 얻게 됩니다.

6. 근심 중에 있는 자
(시 23:1~6 / 432 · 442)
제목: 여호와는 우리의 목자
1) 하나님의 선하신 인도는 그 어떤 상황에서도 안전하게 보장하십니다.
2) 마음의 상처를 씨메 주고 곁길로 가지 않도록 지켜 주십니다.

7. 교통사고를 당한 가정
(약 4:13~17 / 450 · 495)
제목: 내일 일을 모르는 우리
1) 내일 일을 모릅니다.
2) 하나님은 두려움에서 구원해 주십니다.

I. 환 자

거룩하신 하나님, 사랑하는 이 성도가 육신의 질병으로 누워서 하나님의 도움을 구하고 있습니다. 자비와 긍휼을 베풀어 주시고 전능하신 손길로 어루만져 주옵소서. 이 성도의 마음에 평안을 주시며 소망이 넘치게 하옵소서. 그동안 앞으로만 달려가느라고 너무 분주하여 하나님을 바라보며 하나님과 대화하는 시간이 적었음을 고백하게 하시고, 이제 누워 위를 바라보게 되었사오니 하나님과 대화하는 시간이 많게 하옵소서.

누워 있는 이 시간이 헛된 시간이 아니라 주님을 가까이 하는 유익한 시간이 되게 하시고, 기도의 소중함을 깨닫는 시간이 되게 하옵소서. 뒷날 '그때는 질병의 고통 중에서도 주님의 은혜를 체험하는 시간이었다.'고 말하게 해주옵소서.

치료하는 의사 선생님에게 지혜를 더하셔서 꼭 필요한 치료를 효과적으로 할 수 있도록 도우시며, 필요한 약품들을 공급받게 하여 주옵소서. 아픈 가운데에서도 맑은 공기를 마시며 눈을 들어 산을 바라볼 때 희망에 차고 넘치는 꿈을 보게 하시고, 일어나 걸을 때 관절 마디마디에 공급되는 새힘을 깨닫게 하옵소서.

우리의 고통을 외면하지 않으시는 하나님의 위로와 건강의 회복이 이 성도에게 임함으로 병석에서 일어나 레바논의 백향목 같게 하옵소서. 이 성도를 위한 자녀들의 간절한 기도를 들으시며 믿음의 이웃들의 간구에 응답하옵소서. "그러므로 너희 죄를 서로 고백하며 병이 낫기를 위하여 서로 기도하라" 하신 말씀을 기억하게 하옵소서. 병석에서 일어나 사회에서 맡은 일을 힘있게 하며 교회 봉사를 더욱 열심히 하는 모습을 보게 해주옵소서.

예수님의 이름으로 기도 드립니다. 아멘

2. 입 원

　위로가 되시는 하나님 아버지, 약한 육체의 그늘에서 전능하신 하나님의 은혜와 돌보심을 간구합니다. 입원한 성도가 주는 나의 피난처요, 나의 요새요, 나의 의뢰할 하나님이심을 깨닫고 고백하게 하소서. 병상에 누워 드리는 간구를 들으셔서 주님만이 줄 수 있는 신비한 소망이 넘치게 하시고 건강을 회복시켜 주옵소서.
　믿음으로 드리는 기도는 병든 자를 고쳐 주신다는 말씀에 의지하여 간구하오니, 그 크신 하나님의 경륜이 이 병실 안에서 열매 맺도록 역사해 주옵소서. 그래서 구름기둥으로 지키시는 낮과 불기둥으로 살펴 주시는 밤이 은혜와 소망의 연속이게 하옵소서.
　"나는 너희를 치료하는 여호와임이라" 하는 주님의 음성을 듣게 해주소서. "여호와는 나의 목자시니 내게 부족함이 없으리로다 그가 나를 푸른 풀밭에 누이시며 쉴 만한 물가로 인도하시는도다 내 영혼을 소생시키시고 자기 이름을 위하여 의의 길로 인도하시는도다"라는 말씀의 뜻을 체험적으로 깨닫게 하시고 주의 막대기와 지팡이가 안위하심을 알게 하옵소서. 영혼을 소생시키시는 주님이 육신도 소생시킬 것을 믿게 하옵소서.
　같은 병실에 있는 환우들과 믿음의 교제가 있게 하시며, 그들을 위해서 기도하게 하시고 전도도 하게 하옵소서. 의료진에게 감사하는 마음을 갖게 하시고, 가정과 직장과 치료비에 대한 걱정을 잊게 하시어 초조한 마음을 갖지 않게 도와주소서. 주님께서 채우시고 지키시는 것을 믿습니다. 건강의 소중함을 깨닫게 하시고, 건강이 회복되었을 때 더욱 알차고 보람있게 살겠다는 다짐이 새로워지게 해주소서.
　의사 가운데 의사이신 예수님의 이름으로 기도 드립니다. 아멘

3. 수 술

치료의 능력이 무한하신 하나님 아버지!

사랑하시는 이 성도가 수술을 앞두고 하나님께 도움을 요청하오니 저희들의 기도를 받아 주옵소서.

수술을 집도할 의사와 의사를 돕는 간호사들과 수술실 요원들에게 지혜와 은혜를 베풀어 주옵소서. 성령께서 수술의 모든 과정을 지켜 주시고, 수술 후에도 빠르게 회복되어질 수 있도록 도와주옵소서.

하나님을 경외하는 자들에게 치료의 광선을 비추시는 하나님 아버지! 이 성도가 수술을 받을 때, 의사의 손이 움직이는 곳에 하나님의 손이 함께 움직이시고 있다는 것을 믿음으로, 마음의 평안과 기쁨을 얻게 하옵소서.

특별히 간구하옵기는 지금까지 알려진 병들 외에도 미처 알지 못했던 병까지도 발견해서 깨끗이 수술받게 하소서.

수술대 위에서 이 성도의 신앙도 함께 수술받아 영혼까지 맑고 신령하게 하옵소서. 또한 이 수술을 통해 하나님을 의지하는 존재로 거듭나게 하시어 희망의 삶을 누리게 하옵소서.

사랑의 하나님! "네가 나를 사랑한즉 모든 환난 가운데서 건져 주시겠다"고 하신 약속과 "네가 내 이름을 안즉 내가 너를 높이고 네 소원을 모두 들어 응답하겠다"고 하신 말씀을 믿습니다.

만병의 대 의사가 되시는 하나님, 오늘의 수술이 영혼과 육신이 모두 새롭게 탄생되는 복의 시간이 되게 하옵소서.

예수님의 이름으로 기도 드립니다. 아멘

4. 임 종

인간의 생사화복을 주장하시는 거룩하신 하나님!
오늘날까지 이 성도의 삶을 돌보시고 이끌어 주심을 감사 드립니다. 이제 하나님께서 정해 주신 연륜이 다하게 될 때 아무 원망없이 아버지 앞에 바로 설 수 있도록 해주옵소서. 찬송과 기도 가운데 하나님께서 예정하신 순간을 맞이하게 하심과 무엇보다도 천국 소망을 갖게 하신 하나님께 감사하게 하옵소서. 이 길이 생명의 길, 은혜의 길, 소망의 길, 승리의 길이 되게 해주옵소서.

영원한 생명이 되시는 거룩하신 하나님! 이 성도가 "숨질 때 되도록 늘 찬송하면서 주께 더 나가기 원합니다" 하는 찬송을 즐겨 부르던 일을 기억합니다. 그 찬송가 그대로 찬송하면서 하나님 앞에 나아가게 하옵소서. 하나님이 부르시는 때가 임박한 것을 깨닫고 회개의 눈물을 흘리는 이 성도의 허물을 씻어 주시어, 거듭나서 흰눈처럼 깨끗한 심령이 되게 해주옵소서. 성결해진 영으로 하나님의 나라를 기업으로 얻게 하옵소서. 아직 뉘우치지 못한 얼룩진 죄와 깨닫지 못해 회개하지 못한 허물과 주님 앞에 바로 설 수 없는 죄가 있으면, 이 시간에 주님의 십자가 보혈로 깨끗하게 용서해 주옵소서. 온 천하를 얻고도 자기 목숨이 구원함을 얻지 못하면 아무 소용이 없사오니, 사랑이신 아버지의 품에 영접해 주옵소서.

이 성도의 얼굴에 천국을 향한 확신과 소망이 나타나서 그 평안한 얼굴이 마지막 간증이요 또 전도가 되게 하옵소서. 이것이 끝이 아니라 새로운 시작인 것을 알게 해주시고, 안타깝고 슬픈 마음으로 둘러 있는 가족들에게 위로와 믿음을 덧입혀 주소서. 아직 이 자리에 오지 못한 가족들이 있으면 그 발걸음을 지켜 주옵소서.

영원한 생명을 주신 예수님의 이름으로 기도 드립니다. 아멘

5. 입관

하늘에 계신 우리 아버지 하나님!

불신앙과 아름답지 못한 것들이 많은 이 세상을 떠나 만세반석 되시는 주님의 따뜻한 사랑의 품으로 들어가는 이 성도의 입관예배를 드리면서 영원한 집을 바라봅니다. 그 영원한 집은 이 세상의 장막, 그 어느 것과도 비교할 수 없는 좋은 곳임을 믿습니다.

이제 아버지 앞에 구합니다. 육신을 관에 누이고 있는 이 성도의 생애를 주님께서는 은밀한 부분까지 잘알고 계시리라 믿습니다. 그의 회개의 눈물을 받으시고 지난날의 허물과 부족함을 이제 예수님의 피 공로로 씻어 주소서. 오직 그리스도 안에서 새로워진 빛과 순결만이 후손들과 남은 식구들에게 기억되게 하소서. 그의 믿음이 가장 값진 유산이 되게 하시고, 예수님을 본받으면서 살려고 애쓰던 아름다운 모습이 길이 남게 하옵소서. 고인의 믿음이 사랑하는 자녀들의 삶속에 존귀한 것으로 보존되고 계승되게 하옵소서.

만세반석이 되시는 거룩하신 하나님! 주님은 우리 때문에 허리에 창을 받으셨고, 마지막 한방울까지 물과 피를 흘려 우리에게 구속의 은혜를 베풀어 주셨기에 슬픔 가운데서도 위로를 얻습니다. 이제 고인에 대한 입관의 절차가 진행되는 동안 우리도 함께 빈손 들고 나아가 십자가를 붙들게 하옵소서. 비록 의가 부족한 사람이라 할지라도 도와주시고 용서해 주옵소서.

살아생전 숨쉴 때에나 죽어 세상을 떠나게 될 때에나 거룩하신 하나님 앞에서 끝날 심판당할 때에나 언제 어디서든지 영원한 하나님의 집에서 다시 만날 기약을 잊지 않게 하시고, 만세반석이신 하나님의 품에 고이 안기게 해주옵소서.

영광의 왕 되신 예수 그리스도의 이름으로 기도 드립니다. 아멘

6. 영 결

자비하신 하나님 아버지!

주님은 곧 부활이며 영원한 생명이신 것을 믿습니다. 누구든지 저를 믿으면 비록 죽어도 살고 또한 살아서 믿는 자는 영원히 죽지 아니함을 믿으며 감사를 드립니다.

하나님 아버지, 간절히 구하옵기는 우리를 죄악과 사망에서 건져 주시사 의로운 생명을 얻게 하시고, 이로 말미암아 우리가 세상을 떠날 때에 주 안에서 평강과 영원한 복을 얻게 해주옵소서. 모든 사람이 승리의 부활에 참여하게 되는 때, 우리들로 하여금 이 성도를 기쁨으로 만나게 하옵소서. 지금 우리는 영결 예배를 드리고 있지만 이 이별은 일시적인 이별인 것을 알게 하소서.

주 안에서 부름받은 이 성도에게 영원한 삶을 약속해 주시고, 있을 곳을 예비해 두시는 하나님! "너희는 마음에 근심하지 말라"고 하셨사오니 저희가 이 성도의 죽음만 생각하고 근심하지 않게 하옵소서. 이 성도가 믿음으로 승리한 천국백성이 된 것을 믿습니다. "너희는 하나님을 믿으니 또 나를 믿으라"고 분명히 말씀하셨으니 하나님을 믿고 예수 그리스도와 영원한 소망의 나라를 믿게 해주옵소서.

믿음이 없는 사람들은 이 길을 슬픔의 길로 여기고 허무함 속에서 탄식합니다. 그러나 예수님의 사죄의 공로를 믿는 우리에게는 이 길이 소망과 영생이 있는 천국 입성의 길인 줄 믿습니다. 그곳엔 저주가 없고, 하나님의 어린양의 보좌가 있는 것을 분명히 바라봅니다. 주님께서 부활하시는 새날에 우리 모두를 다시 만나게 해주실 것을 믿습니다.

예수님의 이름으로 기도 드립니다. 아멘

7. 하 관

전능하시고 자비하신 하나님!

주께서는 모든 성도들의 피난처가 되시고 우리의 믿음을 온전케 하는 산성이 되시는 줄 믿습니다. 음부의 권세가 제아무리 강하다고 할지라도 하나님의 빛이 우리의 갈 길을 바로 비추어 주시니 감사 드립니다.

우리를 평안하게 해주시고 주의 경륜을 밝혀 주셔서 생명의 안식을 얻게 하옵소서. 우리가 주의 경륜을 헤아리지 못하나 주님의 생각이 우리의 생각보다 높고 위대하심을 압니다.

인생을 본래의 고향으로 가게 하시는 하나님!

흙 속에서 잠드는 자마다 주의 영원한 창조의 입김을 호흡하게 하옵소서. 무한히 거룩하시고, 슬픔 중에서도 원만한 지혜의 길로 착하게 다듬어 주시는 하나님, 우리를 거룩한 성령의 말씀으로 가르쳐 주시고, 하나님을 사랑하고 그 뜻대로 부르심을 입은 자들에게는 유익한 위로를 체험하게 하옵소서.

거룩하신 하나님, 우리가 잠시 받는 슬픔은 장차 우리로 하여금 지극히 온전하고 영원한 영광을 얻게 하심인 줄 압니다. 하나님의 부르심을 받아 이제 하관하게 되는 이 성도와 우리가 다 주의 자비하심과 보호를 받게 하시고, 영원한 생명의 약속을 위하여 즐거워하다가 주의 영원한 하늘나라에서 기쁜 얼굴로 만나게 하옵소서.

경외하는 자를 돌아보시는 하나님, 우리의 본질은 진토임을 분명히 알고 있습니다. 이 성도는 그가 왔던 곳으로 갑니다. 이제 남은 후손들과 저희는 하나님의 의로우심을 경외하면서 영원한 약속이신 영생을 믿고 부활의 새 아침을 기다리게 하옵소서.

예수님의 이름으로 기도 드립니다. 아멘

8. 유족 위로

전능하신 하나님!
하나님께서는 자비의 아버지시요, 모든 위로의 하나님이신 줄 믿습니다. 오늘 슬픔의 그늘에서 위로를 필요로 하는 유족들에게 환난 중에 위로의 능력을 베푸시는 하나님의 은혜를 보여 주소서. 아무리 심한 슬픔이라 할지라도 하나님께서 주시는 위로로 그 슬픔을 이겨낼 줄 믿습니다. 그 누구도 손댈 수 없는 고난이 넘친다고 할지라도 주님의 위로는 그것을 이기게 할 것을 믿으며 기도합니다.

위로의 근원이신 하나님!
사랑하는 가족의 죽음은 감당하기 어려운 심한 고통과 슬픔이나 죽은 자를 다시 살리시는 하나님을 의지하고 기도하오니 하나님 아버지께 의지하는 자녀들을 사랑하시어 슬픔에서 건져내실 줄로 믿습니다. 이 시간 유족들의 눈에 괸 눈물을 거두어 주시고, 가슴 속에 맺힌 답답한 아픔을 씻어 주옵소서. 빛나는 하나님의 나라를 똑똑히 바라보게 하옵소서.

우리가 슬픔 중에서도 힘을 얻어 기도하는 것은, 주님께서 우리를 위해 마련하신 새 하늘과 새 땅을 보기 때문입니다. 새 하늘과 새 땅에서 하나님으로부터 "너는 믿음으로 세상을 이겼다" 칭찬을 들으며 흰옷을 입고 승리의 반열에 서 있는 고인을 보게 하소서.

슬픔 가운데에서도 다시 일어날 소망을 주시는 하나님! 주의 위로하심이 이 모든 것을 이기게 해주심을 알고 또한 믿습니다.

하늘나라로 간 고인을 다시 만날 수 있는 재회의 약속을 유족들에게 들려주소서. 부활의 주님께서 주시는 이 소망이 큰 힘이 되어 우리의 능력이 되게 하소서.

예수님의 이름으로 기도 드립니다. 아멘

9. 추도식

우리의 힘이 되시는 하나님!

저희에게 영원을 그리워하는 마음을 주셔서 하나님의 부르심을 받아 영원한 나라로 간 성도를 추도하는 예배를 드리게 하시니 감사합니다. 하나님께서는 슬픔이 변하여 기쁨이 되게 해주시는 분임을 믿으며 소망 가운데서 이 예배를 드리니 주여, 받아 주옵소서.

성도가 남기고 간 믿음과 성실한 삶의 자취가 연약하고 믿음이 부족한 저희에게 향기가 되어 전해지고 있음을 감사 드립니다. 그 향기는 시간이 지날수록 더욱 그윽해지고 널리 퍼질 줄로 믿습니다. 고인이 뿌린 믿음과 선행의 씨가 30배, 60배, 100배의 결실이 있게 하옵시고, 고인의 모습이 승자의 모습으로 기억되게 하옵소서. 고인이 생전에 전도한 영혼들이 날로 그 믿음이 자라게 하심을 감사 드리며 그 영혼들로 인하여 고인이 큰 상급을 누리고 있음을 믿습니다.

고인의 영혼을 품에 안고 계시는 하나님 아버지, 유족들이 슬픔을 이기고 굳센 의지를 갖고 살게 하심을 감사 드립니다. 유족들에게 하나님이 허락하시는 날까지 이땅에서 살다가 하나님이 부르시는 날, 고인이 있는 곳에 가서 다시 만날 수 있다는 소망이 날로 새로워지고 굳세어지게 하옵소서.

유족들이 더욱 사랑하고 화목하여 서로 하나 되게 하소서. 유족들 가운데 믿지 않는 유족들은 고인을 생각하며 믿음의 반열에 들게 하옵소서. 내년 이날 추도예배를 드릴 때는 일가 친척 가운데 빠지는 분이 없게 하옵소서.

우리가 세상을 떠난 다음에 있을 곳을 예비해 두시는 예수님의 이름으로 기도 드립니다. 아멘

10. 사업 실패

하나님께서는 새힘을 공급해 주시는 분임을 믿으며, 사업에서 실패의 쓴잔을 마시고 고통 중에 있는 이 성도를 위해 기도합니다.

하나님, 성공자가 되기를 바라며 힘써 일했으나 이제 그 반대의 입장이 된 이 성도에게 긍휼을 베푸시고 재기의 용기를 주옵소서. "주신 이도 여호와시요 거두신 이도 여호와시오니 여호와의 이름이 찬송을 받으실지니이다" 또 "우리가 하나님께 복을 받았은즉 화도 받지 아니하겠느냐"고 한 욥의 믿음을 본받게 하시고, 하나님을 원망하는 죄를 짓지 않게 하옵소서.

일의 흥망성쇠는 오직 하나님께만 있는 것을 자각하고 다시 일어서게 하옵소서. 우리의 진정한 성공은 주님을 위해 사는 길이며 사업의 번영과 물질의 축복은 아브라함처럼 하나님의 명령에 따라 믿음으로 결단하고 따르는 사람들에게 주어지는 것임을 알게 하소서.

밤새 고기를 잡기 위해 힘썼으나 한 마리도 잡지 못하고 지쳐 그물을 씻는 제자들을 격려하시어 많은 고기를 잡게 하신 하나님, 이 성도에게 같은 은혜를 베풀어 주시길 간절히 원합니다. 감당할 수 없는 많은 소득이 있어서 주위가 다 놀라게 해주옵소서.

오늘의 실패가 좋은 체험이 되게 하시고 겸손의 계기가 되게 하옵시며 하나님을 더욱 의지하게 하는 깨달음도 주옵소서.

하나님 아버지, 선한 사마리아인과 같이 돕는 손길을 허락하여 주옵시고, 이 성도를 만나는 사람들마다 격려와 위로를 베풀게 하시며 물질적인 도움과 조언도 아끼지 않게 하옵소서.

경제불황으로 같은 처지에 있는 사람들이 많습니다. 같은 은혜를 베풀어 주옵소서.

예수님의 이름으로 기도 드립니다. 아멘

II. 불합격(학교)

　실패자의 손을 잡고 이끌어 주시는 하나님 아버지, 원하는 학교에 합격하지 못하고 깊은 좌절 가운데 있는 이 청년을 위해 기도합니다. 이 청년이 어렸을 때부터 부모님의 사랑과 하나님의 자비를 체험하게 하시고 자라게 하신 것을 감사 드립니다.
　진리를 위해 살고자 높고 큰 포부를 품고 보람 있는 일을 계획하며 상급학교에 도전하는 일을 저희가 모두 지켜보았습니다. 그러한 중에 어려움을 당한 이 청년의 마음을 하나님께서 위로하시고 넉넉한 은총을 부어 주옵소서. 나를 위해 지식을 얻으려 하고, 하나님의 뜻보다는 내 명예와 출세를 위해서 노력하며, 하나님의 지혜와 그 능력보다 나 자신을 믿고 앞날을 계획하지는 않았나 살피게 하소서. 여호와께서 함께하셔야만 쌓아올린 지식의 탑(塔)이 바벨탑이 되지 않음을 알게 해주옵소서.
　또한 세상 공부에 몰두하기 전에 하나님의 은혜를 깨달아 늘 기도하게 하시고, 행동의 성실함을 주사 하늘 백성으로 땅 위의 삶을 살게 하소서. 시험이 인생의 전부가 아니며 하나님의 복은 흰 보자기에 싸여오기도 하지만 검은 보자기에 싸여오는 일도 많음을 알게 해주시고, 하나님은 우리의 인생 전부를 책임지며 인도하시는 분임도 깨닫게 하옵소서.
　우린 시험의 합격보다 인생의 합격이 중요하고, 영생의 관문을 통과하는 합격이 더 중요함을 압니다. 인생의 영예로운 합격은 하나님께 영광 돌리고 삶의 푯대를 분명히 정립해서 예수님의 마음을 품고 의로운 길을 걷는 데 있음을 알게 하옵소서. 이 청년이 도전할 때 지혜와 의지를 주옵소서.
　예수님의 이름으로 기도 드립니다. 아멘

12. 취직시험 실패

우리의 힘이 되시는 하나님 아버지, 좋은 재능을 갖고 열심히 일하기를 원하면서도 적당한 일자리를 얻지 못해 낙심 중에 있는 이 성도를 위하여 기도합니다. 너무 초조하지 않게 하시고, 답답함과 원망과 불평을 이기게 해주옵소서. 천지만물을 지으실 때부터 땀흘려 일하면서 사는 비결과 이치를 깨우쳐 주신 하나님, 이 성도에게 재능을 발휘할 수 있는 일자리를 허락해 주옵소서.

지금 사회에는 이 성도와 같은 처지에 있는 이들이 많습니다. 학교를 졸업했으나 재능을 발휘할 일터를 얻지 못해 사회의 문턱에서부터 좌절감을 느끼고 있는 그들에게 용기를 잃지 않게 하시고 세상을 원망하지 않게 하소서. 꺾이지 않는 의욕을 가지고 새롭게 도전하여 칠전팔기의 주인이 되게 하소서.

이 나라의 경제를 지켜 주시고 경제정책을 담당하는 이들과 기업을 경영하는 이들에게 지혜를 더하여 주옵소서. 제십일 시(오후 5시)에도 품꾼을 부르시고, 그들에게도 같은 삯을 주신 예수님을 믿게 하옵소서. 이 사회가 일하기 원하는 사람들에게 좋은 일터가 보장되고 근로자들의 권익이 보호받는 사회가 되게 하옵소서. 근로의 기쁨이 가정과 사회에 넘치게 하시고 평화와 행복이 항상 머물게 하옵소서.

위로의 하나님, 이 성도에게 당장 필요한 물질을 허락하시고 어깨를 펴고 새롭게 도전하여 더 좋은 직장을 찾을 수 있도록 은혜를 속히 베풀어 주옵소서. 또한 열심히 일하면서 살 수 있는 좋은 삶이 되도록 보장해 주옵소서.

낙심 중에 있는 이들에게 힘과 도움이 되시는 예수님의 이름으로 기도 드립니다. 아멘

13. 별 거

사랑의 하나님!

인간을 자기 형상대로 만드시되 남자와 여자로 만드시고, 부모의 곁을 떠나 아내와 합하여 한몸을 이룬 가정을 통해 복받게 하심을 감사 드립니다. 그러나 부족하여 그 복을 누리지 못하는 사람들이 많음을 용서하옵소서. 지금 별거하는 이 가정이 믿음과 사랑으로 다시 합하게 하심으로 복된 가정을 이루도록 도와주옵소서.

하나님 아버지, 별거하게 된 원인이 어디에 있든지 간에 먼저 나 자신에게서 그 책임을 찾게 하소서. 설령 부족함이 상대방에게 있다고 하더라도 도리어 불쌍히 여길 수 있는 마음을 주옵소서. 그래서 그 허물을 사랑으로 용서하게 하시고, 서로를 위하여 기도하는 중에 하나님의 말씀이 그들의 마음에 채워짐으로 새로운 결단을 할 수 있도록 도와주옵소서.

하나님의 말씀은, 남편이 가정의 머리됨이 그리스도께서 교회의 머리됨과 같다고 하셨습니다. 또한 남편은 아내 사랑하기를 그리스도께서 교회를 사랑하시고 위하여 자신을 주심 같이 하라고 하셨으며, 아내는 남편에게 교회가 그리스도께 순종하는 것같이 하라 하셨습니다. 기도하는 시간 이외에는 분방하지 말라고 하신 말씀의 뜻을 깨닫게 하시고, 그 말씀을 순종할 수 있는 힘도 덧입혀 주시기를 간절히 기도합니다.

그래서 두 사람뿐만이 아니라 어린 자녀들의 슬픔이 없어지게 하시고 다시 하나님의 사랑과 평강이 넘치는 가정이 되게 은혜 내려 주옵소서. 그리스도 안에서 회복과 연합의 기쁨을 다시 한번 베풀어 주시고 주님과 동행하는 가정이 되게 하옵소서.

예수님 이름으로 기도 드립니다. 아멘

14. 이 혼

　우리의 작고 큰일들을 모두 살피시는 하나님, 불행해진 이 가정을 돌보시고, 그 가운데에 성령의 위로와 은혜를 덧입혀 주시길 간구합니다. 답답한 중에 있는 저들이 친히 찾아 주시는 주님의 품에 안기게 하시고, 자신을 스스로 돌보며 하나님 앞에 바로 서서 새로운 삶이 이어지게 하옵소서. 이렇게 홀로된 성도에게 하나님이 동행하여 주시고 말씀으로 그의 앞길을 한걸음씩 인도하심으로 모든 어렵고 험한 길에서도 형통하는 은혜를 주옵소서.
　사람들은 모든 일이 잘되고 성공할 때 찾아오지만, 실패하고 외로워질 때는 다 곁을 떠나는 일이 많습니다. 하나님만이 나의 소망이요 의지가 됨을 믿게 하옵소서. 많은 그리스도인들은 세상의 줄이 끊어질 때에 도리어 아버지의 사랑의 줄이 더욱 강하게 이어짐을 간증하오니 이 성도도 이러한 체험을 할 수 있게 믿음을 더하여 주옵소서.
　사랑의 하나님 아버지시여! 이 형제(자매)의 마음속 깊이 자리잡고 있는 상처를 보혜사 성령의 위로하심으로 싸매어 주시고, 더 큰 은혜로 자신의 죄를 회개할 때 사죄의 기쁨을 누릴 수 있게 하소서. 그리고 상대방의 허물을 용서하며 주님만을 바라보게 하옵소서. 마음에 혹시라도 미움이나 원망이 남아 있다면 이 시간 정결한 마음을 갖게 하시어 하나님을 뵐 수 있는 은혜를 내려 주옵소서.
　모든 계획을 주님께 맡기게 하시고, 낙망하지 말고 불안해 하지도 않게 하소서. 하늘의 평안으로 채워지는 새로운 삶을 허락하여 주옵소서. 지금 이와 같은 처지의 가정들이 늘어나고 있습니다. 이 땅의 가정들을 지켜 주옵소서.
　주 예수님의 이름으로 기도 드립니다. 아멘

15. 재 난

높은 하늘에 계시면서 낮고 천한 인간들의 처지와 형편을 살피시며 우리가 풍랑을 만날 때 친히 오셔서 즉시 손을 내밀어 구원해 주시는 하나님, 말세에는 많은 고통이 있을 것이라는 예언대로 우리는 온갖 재난 속에 있습니다. 우리를 향해 내미신 주님의 손을 굳게 붙잡게 하시어 낙심하지 말고 믿음으로 승리하게 하옵소서.

재난을 만나 간절히 기도할 때에 믿음의 사람인 욥을 생각하게 됩니다. 욥은 의인이었지만 시험을 당했습니다. 이 세상 사는 동안 뜻하지 않은 재난이 나의 죄의 대가로 오기도 하지만 욥과 같이 성도의 믿음을 시험하기 위해서도 오는 것을 알 수 있습니다.

하나님, 이 성도가 욥과 같이 믿음의 연단을 위해 재난이 왔으면 인내로 이겨 이 일로 말미암아 하나님께 인정받는 믿음의 사람이 되게 하시고, 죄로 인한 것이면 새사람 되는 은혜의 기회가 되게 하옵소서. 그래서 나그네로 지나는 동안 범죄하지 않게 하시고 시련을 통하여 더욱 하나님을 가까이 뵐 수 있는 은총을 주옵소서.

숨을 곳을 예비하시는 하나님!

욥은 동방의 부자였지만 일시에 재산을 다 잃어버렸고, 열 남매인 자녀들도 비참하게 죽었으며 자신마저 병들었고, 친구들의 조롱은 물론 아내까지도 저주하는 시련의 극한선에 서기까지 했습니다. 그러나 하나님을 원망하지 않고 도리어 찬송하며 믿음을 지켰사오니, 이 성도에게도 이런 믿음의 은사를 주옵소서.

욥은 마지막에 갑절의 복을 받았으므로 자신은 물론 하나님이 살아계심을 확증한 믿음의 용사가 되었습니다. 이 성도에게 이와 같은 복을 더하여 주옵소서.

주 예수 그리스도의 이름으로 기도 드립니다. 아멘

16. 도 난

　만물을 창조하시고 섭리하시는 아버지 하나님!
　이 가정에 뜻하지 않은 도난을 당하였지만, 성령으로 임재하셔서 주의 권고하시는 말씀을 듣고 은혜받으며 감사하게 하옵소서. 또한 물질의 손해가 있으나 인명 피해가 없는 것도 감사하게 하옵소서. 이러한 일을 통해 지금 우리가 가지고 있는 물질이 내 것이 아님을 깨닫게 하시고, 내 임의로 사용하던 잘못을 뉘우치게 하소서. 하나님의 뜻대로 산다면 지금은 물질의 손해가 있더라도 곧 풍성한 것으로 갚아 주시며 채워 주시는 경험을 하게 하옵소서.
　이 가정에 들어왔던 사람에게 성령의 역사하심으로 그 마음에 감동을 주셔서, 회개하여 새사람이 되게 해주옵소서. 또한 그 가정이 어려운 상황에 처하지 않도록 인도하여 주시기를 원합니다.
　하나님 앞에 간절히 기도하옵기는 우리나라가 경제발전이 된 것은 감사한 일이지만 여러 가지 문제들이 파생되고 있습니다. 산업화에 따르는 경쟁에서 낙오되는 사람들이 많고, 풍부한 중에서도 가난에 울고 있는 사람들이 적지 않습니다.
　사랑의 하나님 아버지! 생활전선에서 패배하여 곤고(困苦)한 중에 지내고 있는 내 이웃을 사랑으로 돌볼 수 있게 해주옵소서. 내가 나누어 주지 못한 탓에 부득이 나의 집에 도난이 있지 아니한가 생각하게 하시고, 예수님의 말씀대로 하늘에 내 재물을 쌓아 두는 구제에 한층 힘쓰게 하옵소서.
　사랑의 하나님 아버지! 우리나라의 모든 국민들이 다 골고루 잘 살게 하셔서, 먹을 것이 없어 남의 것을 탐하거나 도적질하지 않도록 은총 내려 주옵소서.
　예수님의 이름으로 기도 드립니다. 아멘

17. 교통사고

하나님 아버지께서 이제까지 저희들의 생명을 안전하게 보호해 주신 은총을 다시 한번 감사 드리며, 원하지 않은 교통사고를 만나 병실에 누워 있는 이 성도를 주님께서 붙들어 주시고 일으켜 세워 주시기를 간절히 원합니다. 이 성도에게 평안한 호흡을 허락하시고, 다친 곳들을 주의 손으로 안수하셔서 고쳐 주시옵소서.

이 병상을 지키시는 하나님, 무엇보다도 이 성도가 하나님을 믿는 믿음으로 영혼의 충만한 평화를 누리게 하옵소서. 이 사고가 성도의 신앙을 견고히 할 수 있는 훈련의 기회가 되게 하옵소서.

환난 가운데서 주의 평강을 찬양하는 복을 허락하셔서 이 성도를 바라보는 가족이나 친구들에게는 그리스도인의 모습을 보이게 하시고, 신자들에게는 은혜가 넘치게 하시며, 불신자에게는 전도가 되게 하옵소서.

치료의 하나님 아버지, 이 성도를 담당한 의료진에게 지혜를 더하시어 검사의 바른 결과가 나오게 하옵소서. 사람의 힘으로는 치료가 불가능하다고 판정되더라도 하나님의 도우심으로 미문 앞에서 일어섰던 앉은뱅이처럼 완전한 치료의 은혜를 주셔서, 주의 이름으로 기뻐 찬미하며 아버지의 영광을 노래하게 하옵소서.

사랑의 하나님!

우리들에게 베푸신 문화적 혜택을 유용하게 사용할 수 있는 지혜도 주시고, 사람의 생명을 귀히게 여겨 조심해서 운전하게 하옵소서. 사고를 낸 가해자에게도 함께하시어 불신자이면 하나님을 찾는 계기가 되게 하옵소서. 경찰과 보험관계자들 그리고 이 사고와 관계된 모든 이들과도 함께하여 주옵소서.

예수님의 이름으로 기도 드립니다. 아멘

18. 실 종

사랑이 많으신 하나님 아버지!

세상에 사는 동안 우리는 원하지 않은 고통으로 신음할 때가 많이 있습니다. 우리가 하나님나라에 갈 때까지 광야와 같은 세상에서 이런 어려움에 직면하게 되지만 그래도 답답하고 암담할 때마다 위에 계신 하나님을 바라볼 수 있는 신앙을 주시니 감사합니다.

살아계신 하나님, 사랑하는 가족의 소식이 끊어져 염려 가운데 있는 이 가정에 하나님께서 우리의 피난처요, 힘이 되심을 경험할 수 있는 신앙을 주셔서 이 고난을 잘 감당하게 하시고 승리하게 하옵소서. 이 가정이 하나님의 영으로 위로받고, 하나님의 말씀으로 평안을 얻게 되길 간절히 기도합니다.

하나님은 당신의 백성을 결단코 버리지 않으신다고 약속하셨습니다. 이 약속을 믿고 낙심하지 말게 하시고 새로운 힘을 얻게 하옵소서. 세상 어느 곳이든지 하나님의 품안 아닌 곳이 없으니 소식이 끊어진 가족도 하나님의 보호 아래 있음을 믿게 하소서. 그로 인해 하나님을 믿는 가정은 어떤 환난 중에도 살아계신 하나님께서 보호하시고 인도하신다는 것을 사람들에게 보여 줄 수 있게 하옵소서.

실종된 가족을 찾기 위해 수고하는 경찰들에게 성실함과 지혜를 주소서. 집을 나갔던 아들이 돌아왔을 때 아버지는 "내 아들은 죽었다가 다시 살아났으며 내가 잃었다가 다시 얻었노라" 하며 기뻐하였습니다. 그와 같은 기쁨을 속히 허락하여 주옵소서. 실종된 가족과 함께 지냈던 시간들이 얼마나 귀한 것임을 깨닫게 하시고, 지금 함께 머물러 동거하는 가족들이 사랑으로 하나 되어 위로하며 지내게 하옵소서.

주 예수님의 이름으로 기도 드립니다. 아멘

19. 실 직

　만물을 창조하시고 인간들에게 이땅에서 번영하고 충만하라고 축복하신 하나님! 인간들의 부족함으로 그 번영과 충만을 누리지 못함을 용서하옵소서. 이 성도가 직장을 잃고 실의에 빠져 있사오니 하나님께서 새로운 일터를 허락하여 주옵소서. 같은 처지에 있는 사람들에게도 동일한 은혜를 허락하여 주시고, 이 위기가 새로운 계기가 되게 해주옵소서.

　생업은 하나님이 주시는 기업이라고 하셨습니다. 우리에게 영원한 기업을 주신 아버지께서 세상에 사는 동안 생업의 기업도 허락하실 줄 믿습니다. 하나님은 우리의 영혼도 사랑하시지만 우리 육신의 생활도 보살피신다는 것을 확신합니다.

　우리가 직업을 기다리면서 과거의 직업을 가지고 있을 때 맡은 일에 소홀함은 없었는가 돌아보게 하옵소서. 앞으로 하나님이 허락하시는 직업에 더욱 충실할 수 있는 마음 자세를 갖게 하옵소서. 그저 생계문제를 해결하기 위한 방편으로만 직업을 구하는 것이 아니라 하나님의 소명에 따라 나라와 사회에 봉사할 수 있는 목표를 갖고 직업을 구하게 하옵소서. 하나님께서 우리나라의 기업들을 복 주심으로 재능을 가진 분들이 원하는 분야에서 일할 수 있게 하옵소서.

　우리의 구할 바를 아시는 하나님, 먼저 그 나라와 그 의를 구하는 영적인 바른 자세를 갖게 하시고 그리하면 모는 것을 더하시리라는 말씀의 약속이 이루어지게 하옵소서. 실직하였다고 위축되지 않게 하시고 식구들도 믿음으로 기다리며 격려하고 위로하게 하옵소서. 서로 아껴 주며 협력하는 사랑이 넘치는 가정이 되게 하옵소서.

　주 예수 그리스도의 이름으로 기도 드립니다. 아멘

20. 가 난

　사랑과 은혜가 풍성하신 하나님 아버지! 오늘까지 이 가정을 보호하시고 인도하여 주심을 진심으로 감사 드립니다. 현재 이 가정이 가난으로 어려움을 겪고 있습니다. 모든 것을 창조하신 하나님, 이 가정에 이미 믿음으로 풍성함을 누리게 하신 것을 감사하거니와 물질의 풍성함도 주시기 바랍니다.
　이 가정의 가난이 하나님의 뜻일진대, 주님이 세상에 계실 때 가난을 몸소 체험하셨음을 알게 하시고 위로받게 해주옵소서. 주님께서는 "여우도 굴이 있고 공중에 나는 새도 집이 있으되 인자는 머리 둘 곳이 없다"라고 말씀하셨습니다. 주님이 모든 권세와 영광을 가지시고도 스스로 가난하게 되심은 인간을 가난에서 부요케 하려하심이라는 말씀도 기억합니다.
　사랑의 하나님, 우리가 가난하거나 부하거나 그리스도 안에서 부족함이 없게 하시고 도리어 가난 때문에 원망하거나 부함으로 교만하는 죄를 짓지 않게 하옵소서. 그러나 인간들이 늘 연약하여 가난하므로 하나님의 영광을 가리우기 쉽사오니, 연단을 위한 기간일지라도 그 기간을 단축시켜 주시고 모든 일에 하나님의 도우심을 힘입게 해주옵소서. 그때가 오기까지 믿음으로 참고 열심히 노력할 수 있게 힘 주시고, 결코 낙심하지 않게 하심으로 약속된 풍성한 은총을 영육간에 누리게 하옵소서.
　비록 육신적인 일에 필요한 것들이 부족하다 할지라도 우리의 영혼이 해함을 받지 않도록 믿음을 간직하는 가정이 되게 하시고, 위로부터 내려오는 참 평화를 맛보게 하옵소서. 있다고 하는 사람들에게 업신여김을 받는다는 생각도 갖지 않기를 원합니다.
　예수님의 이름으로 기도 드립니다. 아멘

21. 근심 중에 있는 자

　모든 일을 선하게 인도하시는 하나님 아버지! 아담이 범죄한 이후 이땅 위에 고통과 근심이 끊이지 않고 있는 가운데 이 성도도 이런 어려움을 당하고 있습니다. 하나님을 바라보며 믿음으로 세상의 근심에서 벗어나게 하옵소서. 보혜사 성령의 역사로 세상이 알지 못하는 평안을 간직하게 하옵소서. "너희는 마음에 근심하지 말라 하나님을 믿으니 또 나를 믿으라"라는 말씀을 기억하게 하소서. 참으로 하나님을 믿고 주 예수 그리스도를 생명의 주로 믿는 성도들은 근심과 걱정에서 자유함을 얻는 것을 알게 하소서. 제자들에게 근심하지 말라고 하신 예수님께서 약속대로 성령을 보내 주셔서 제자들과 항상 함께하게 하셨사오니 성령의 도움으로 근심이 물러가게 하옵소서.

　사랑과 평안으로 오늘 우리에게 오시는 하나님! 제자들에게 근심 걱정 대신 더 큰 기쁨을, 성령이 그들의 마음에 임재함으로써 체험할 수 있었던 것처럼, 이 성도에게 같은 신령한 은혜를 내려 주옵소서. 내가 너희를 고아와 같이 버려두지 않겠다는 주의 음성을 듣고 새힘을 얻게 하옵소서.

　인간은 연약하여 당장 당하고 있는 환경에 휩쓸려 걱정과 염려에서 헤어나오지 못하오니, 우리의 연약함을 도우시고 그리스도 안에서 참된 자유와 평안을 얻게 해주옵소서. 이 성도에게 강한 정신력을 깊게 하시고, 마음의 안정도 누리게 해주옵소서. 사람의 힘도 근심이 없어지라고 해서 없어지는 것이 아니오니, 모든 악한 생각들을 성령의 불로 태워 주시고 정결한 마음을 갖게 하옵소서. 가족들도 함께 힘써 기도하게 하옵소서.

　주 예수님의 이름으로 기도 드립니다. 아멘

22. 가정 불화

　어제나 오늘이나 변함없는 사랑으로 저희를 인도하시는 하나님! 하나님은 가정을 통하여 오늘도 각양 은사와 복 주시기를 원하고 계시는 줄로 믿습니다.
　사랑의 하나님, 지금 이 가정이 어려워진 이유가 어디에 있습니까? 남편이나 아내 그리고 자녀들이 스스로 깨닫지 못하는 중에 불신앙의 자리에 깊이 빠져드는 것은 아닌가 생각할 때 저희의 가슴이 아프고 괴롭습니다. 저희가 이럴 때 당사자들은 말로 표현할 수 없는 고통을 겪고 있을 것입니다. 아버지 하나님께서 성령으로 이 가족의 마음문을 두드려 주옵소서.
　말씀으로 다가오시는 하나님, 하나님의 말씀으로 이들의 부족함을 깨우쳐 주시고 필요한 것으로 채워 주옵소서. 그 부족함이 용서이건 사랑이건 간에 하나님의 권고하심으로 채워지게 하옵소서.
　사랑의 하나님 아버지, 이 가정 식구들이 누구의 용서를 구하기 전에 자신이 먼저 용서하게 하시고, 상대방의 사랑을 바라기 전에 자기가 먼저 사랑하게 은혜를 더해 주옵소서. 서로서로가 어려운 일들을 나누어질 때 그 짐은 점점 가벼워질 것으로 믿사오니 이런 마음들을 주옵소서.
　하나님은 아브라함의 하나님, 이삭의 하나님, 야곱의 하나님이 되시온즉 이 가정의 하나님도 되시므로, 인간의 부족으로 인한 불화를 없애 주시고 화평과 기쁨이 충만한 믿음의 가정이 되도록 은혜 내려 주옵소서. 그리스도의 빛이 이 성도의 가정에 스며들게 하시어 사랑 안에서 하나로 녹아지게 하소서. 그래서 하나님을 뵐 수 있는 이 가정을 이루소서.
　주 예수님의 이름으로 기도 드립니다. 아멘

23. 신체장애인

　우리에게 은혜와 사랑을 베풀어 주시기를 기뻐하시는 하나님!
　이 성도가 육신적인 장애로 어렵게 살고 있지만, 하나님께서 이 성도를 긍휼의 손으로 붙들어 주셔서 깊은 은혜의 체험 속에 힘과 소망을 얻게 하옵소서.
　약한 자들을 세워 주시는 하나님, 주님께서는 낳으면서부터 시각장애인인 사람에게도 그가 그렇게 된 것은 그를 통하여 하나님께 영광 돌리기 위함이라고 놀라운 선언을 하셨습니다. 이 말씀을 통해 장애 때문에 불편을 느끼는 모든 형제와 자매들이 소망을 얻게 되기를 간절히 기도 드립니다. 그래서 절망하지 않게 하시고 자신의 생애에도 하나님의 목적이 있고 뜻이 있음을 알게 해주옵소서. 육신의 귀가 들리지 않아도 주의 부드러운 음성을 듣게 하시고, 내 몸이 부자유하지만 죄악에서 자유함을 얻어 신령한 축복을 누리게 해주옵소서. 또한 자신과 같은 처지에 있는 사람들에게 믿음으로 이웃이 되고 힘이 되는 큰 일도 능히 할 수 있도록 은혜를 덧입게 하옵소서.
　사랑의 하나님, 하나님만이 나의 모든 것이 되심을 확신하며 믿음으로 승리하게 하소서. 세상 사람들 중에는 온몸이 건강해도 그것이 얼마나 귀하고 감사한지를 모르고 살아가는 이들이 많습니다. 눈이 있어도 시각장애인이요, 발이 있어도 지체장애인으로 비뚤어진 길을 걸어가는 사람들이 많습니다. 그러나 이 성도는 육신의 눈은 어두우나, 마음의 눈은 밝아 있음을 감사 드립니다. 이 성도의 생애에 주님이 밝은 등불이 되어 주옵소서.
　이 세상에 계실 때 장애인들에게 특별한 관심과 사랑을 베푸셨던 예수님의 이름으로 기도 드립니다. 아멘

24. 수감자의 가정

참 자유와 평안을 주시는 하나님 아버지!

이 가정에 보혜사 성령으로 임재하소서. 하나님께서 신령한 귀를 열어 주시어 아무것도 들리지 않는 가운데서 위로와 소망의 말씀을 듣게 하옵소서. 그래서 결코 낙심하지 않게 하시고, 모든 것이 합력하여 선을 이루게 하시는 하나님의 은총을 힘입게 하옵소서.

언제나 우리 곁에 계시며 모든 깊은 사정까지 살피시는 아버지, 이 가정의 아픔을 살펴 주소서. 지금 자유롭지 못한 그분에게 사도 바울이 가이사랴 옥중에서 체험했던 신비스러운 믿음을 갖게 하옵소서. 사도 바울은 자기가 매인 것이 도리어 복음 전파에 진전이 된 까닭에 기뻐한다고 했습니다.

지금은 답답한 중에 있지만 이 일이 신앙적으로나 가정적으로 앞으로 계획하는 일에 유익이 되기를 간절히 기도 드립니다. 말씀으로 위로해 주시고 기도로 소망을 품게 하옵소서.

사랑의 하나님, 우리가 일상생활 가운데 법이 무엇인지 모르고 살아가는 때가 많지만, 때론 이 같이 제약을 받을 때가 있습니다. 이 기간이 앞으로 흠 없는 생활을 하는 데 하나의 계기가 되게 해주옵소서. 하나님의 율법 아래 있는 인간은 다 죄인이지만, 그리스도 예수의 십자가 사랑으로 구속받아 죄에서 자유를 얻고 하나님의 자녀가 됨을 깊이 깨닫게 하시며 감격함을 간직하게 하옵소서.

시간과 공간을 초월하여 계시는 하나님, 모든 일을 주께 의뢰하고 그 크신 도우심을 힘입게 하옵소서. 가족에게 마음의 평화를 주옵시고 그곳에 근무하는 사람들에게 친절한 마음을 주옵소서.

주 예수님의 이름으로 기도 드립니다. 아멘

25. 일자리를 잃은 가정

의인은 환난에서 구원을 얻는다고 하신 하나님!
회사의 어려운 사정으로 인해 일자리를 잃은 이 가정을 위해서 기도합니다. 직장에 대해 남달리 강한 소속감과 애정을 갖고 성실하게 일하다가 원하지 않는 모습으로 물러나게 된 이 가정의 가장을 위로하여 주옵소서. 원망과 서운함이 있을 수 있겠으나 믿음으로 극복하여 평안함을 회복하게 해주옵소서.

회사의 어려운 형편도 이해하며 섬기던 직장이 잘 되도록 기도하는 마음도 허락하여 주옵소서. '주신 이도 여호와, 거두신 이도 여호와'라는 욥의 고백이 이 가정의 고백이 되게 하옵소서.

하나님, 이 가정뿐만 아니라 많은 가정이 같은 처지에 놓여 있는 줄 아오니, 그들에게도 위로를 주옵소서.

환난날에 피난처가 되시는 하나님! 이 일로 인해 가족이 서로 이해하고 격려하며 협력하게 해주옵소서. 더 열심히 기도하게 하여 주옵소서. "어려운 일 당할 때 나의 믿음 적으나 의지하는 내 주를 더욱 의지합니다" 이 찬송이 그치지 않게 해주옵소서.

환난당할 때 피할 길을 열어 주시는 하나님! 이 가정에 새로운 길을 열어 주소서. 눈높이를 낮추고 새롭게 출발하는 자세로 새 길을 열어가게 해주옵소서. 굳센 의지와 담대함을 주시고, 위축되지 않게 하옵시며 소외감과 열등감을 느끼지 않게 하옵소서. 또한 돕는 사람들을 많이 만나게 하옵소서. 뒷날을 돌아볼 때 이 일로 인해 너 넓은 세계를 체험할 수 있었다고 말하게 하옵소서.

오 주여, 붙들어 주시고 도와주시기를 간절히 원합니다.

막대기와 지팡이로 안위하시는 예수님의 이름으로 기도 드립니다. 아멘

26. 해외 거주 가족의 별세

 사망과 애통하는 것과 곡하는 것과 아픈 것이 없는 영원한 나라를 약속하신 하나님! 오늘 이 가정의 한 가족이 하나님의 부르심을 받았다는 슬픈 소식을 들었습니다. 해외에 살고 있기 때문에 자주 만날 수 없어서 더 그립고 더 깊은 정을 느끼던 터라 이 슬픔이 더욱 큰 것을 하나님께서는 아십니다. 먼 곳이기에 임종을 지킬 수도 없어서 안타까워하는 마음도 하나님은 아실 줄로 믿습니다.
 하나님, 이 가정에 특별한 위로를 베풀어 주옵소서.
 해외에 살고 있는 가족만 나그네가 아니라 우리는 이땅에서 모두 나그네인 것을 알게 해주옵소서. 야곱은 지나온 길을 돌아보며 나그네의 세월이라고 하였습니다. 우리의 본향은 하늘에 있는 것을 생각하며 하나님이 우리를 위하여 예비하신 영원한 도성에서 다시 만날 수 있는 날을 기약하게 하여 주옵소서. 이 가족이 살아있을 때 더 사랑하지 못하고 문안을 자주하지 못하던 것을 안타까워할 줄로 압니다. 남아있는 가족들간에 우애를 두텁게 하고 더 친밀히 지내게 해주옵소서.
 해외에서 하나님의 부르심을 받았기 때문에 유족들이 오고 가는 문제와 장례 절차가 매우 복잡합니다. 잘 감당하게 해주옵소서.
 하나님, 많은 사람들이 해외에 나가 살고 있습니다. 그들을 지켜주셔서 외롭지 않게 하시고 낯선 환경을 이기게 하여 주옵소서. 또한 해외에 살고 있는 동포들끼리 더욱 도우며 지낼 수 있게 하여 주옵소서. 해외에 있는 우리의 교회들이 굳건하게 서서 해외동포들에게 소망의 등대 역할을 잘 감당하게 하여 주옵소서.
 환난 중에 있는 자들을 능히 위로하시는 예수님의 이름으로 기도 드립니다. 아멘

III. 대심방기도

1. 말씀충만

사랑의 하나님!
아름다운 자연을 주시고, 아름다운 인간을 지으시며
당신의 말씀을 주신 것 참으로 감사합니다.

빛 없고 방향을 찾을 길 없는 광야 같은 이 세상에
참빛과 지표가 되는 당신의 말씀을 보내 주셔서
이 백성이 빛을 보고 참된 길을 걸어가게 된 것
다시금 감사 드립니다.

저희들로 그 말씀을 믿으며
그 말씀대로 사는 자 되게 하옵소서.
성경말씀을 읽고 그 말씀을 만방에 전하는 자 되게 하옵소서.

주의 말씀이 이땅에 전해진 후 많은 방해와
박해 속에서도 꾸준히 전파되어 오늘날
많은 사람이 주의 은총으로 말씀을 사모하게 되었습니다.

주의 말씀은 심령을 소생시키시며
병든 자를 고치시는 능력의 말씀이오니
백의민족 모두가 주의 말씀을 읽고
삼천리 강산이 주의 말씀으로
가득하게 하옵소서.

그래서 주의 말씀을 읽는 자, 듣는 자, 지키는 자에게
약속하신 복을 누리게 하옵소서.
예수 그리스도의 이름으로 기도 드립니다. 아멘

2. 성령충만

하나님 우리 아버지!
우리에게 불 같은 성령을 부어 주시니 감사합니다.
우리가 비록 속박 중에 있다 하여도
예수를 죽은 자 가운데서 살리신 영이 우리 안에 계시니
우리를 죽은 몸에서 건져 주시고
광명의 길로 인도하실 것을 믿습니다.

오, 주여! 우리는 세상 것으로는 만족할 수 없는 죄인이며
성령의 감동 없이는 말할 수도 없고, 일할 수도 없는
무능한 자입니다. 그런데 어찌하여 당신은 우리에게서
떠나는 때가 있으며, 감동을 정지하시는 때가 있습니까?

오, 주여! 우리에게서 떠나지 마시고
감동을 정지하지도 마옵소서.
우리의 호흡이 그치기 전에 성신의 호흡을 거두지 마시고
당신의 감동을 따라 나의 심장이 고동치게 하시며
당신의 충만하심을 따라 나도 살게 하옵소서.

성령이 우리 마음에 충만하시면
환난의 쓴잔을 받아도 주님께 영광 돌리겠습니다.
성령이 내 생활 가운데 계시면
내가 궁핍의 홍포를 입어도 주의 이름을 노래하겠습니다.
주의 성령이 함께하시면
비방의 가시관을 써도 주님의 뒤를 따르겠습니다.
예수님의 이름으로 기도 드립니다. 아멘

3. 기쁨충만

사랑의 하나님!
인간은 하나님의 사랑을 더 많이 받고 싶어하면서도
서로 미워하며 시기하고 원망하면서 사는 죄인입니다.
그러므로 이땅에는 기쁜 일보다 슬픈 일들이,
즐거움보다 괴로움들이 날마다 계속되고 있습니다.

사랑의 하나님!
인간들의 옹졸한 생각을 버리고 이웃에게 관용을 베풀게
하옵소서. 염려와 근심은 모두 하나님께 맡기고
어떤 환경이나 형편에서도 주 안에서 기뻐할 수 있게 하옵소서.

오, 주여! 우리를 변화시켜 이 시대, 이 교회에 소용되게 하시고
내 이웃에게도 도움이 되게 하옵소서.
부스러기 떡도 버리지 않으시는 주님!
죄인들을 변화시켜 새사람되게 하옵소서.
주의 뜻에 맞게 변화시켜 주옵소서. 주님께 영광 돌리며
이웃에게 즐거움을 끼치는 인간으로 변화시켜 주옵소서.
옹졸한 사람을 너그러운 사람으로, 원망과 시비하는 사람을
감사와 찬송하는 사람으로 변화시켜 주옵소서.

범사에 감사하고 날마다 찬송하며
이웃으로 더불어 기뻐 노래하는 그리스도인이 되게 하옵소서.
죽음을 앞두고 감람산으로 찬송하며 걸어가신
주님의 뒤를 따르게 하옵소서.
예수님의 이름으로 기도 드립니다. 아멘

4. 기도생활

인간의 소원을 들으시는 하나님!
우리의 허물을 용서하시고 우리의 소원에 응답하여 주옵소서.
인간들은 정욕 때문에 바른 기도를 드리지 못하고
하나님의 뜻을 거역하는 어리석은 자들임을 고백합니다.
우리가 당신 앞에 지은 죄를 고백하오니 용서하여 주옵소서.

우리에게 용기를 주시고 내적으로 믿음을 더 깊게 하시며
기도의 영을 충만하게 하옵소서.
인간들이 바라는 복보다 그리스도께서 바라시는 복을
받는 사람 되게 하옵소서.
자신을 위해 기도하기보다는 이웃과 형제를 위해
기도할 수 있게 하옵소서.
내 뜻대로 되기를 간구하기보다는 하나님의 뜻이
이루어지기를 간구하는 자 되게 하옵소서.

구하는 자에게 주시겠다고 하신 하나님!
내게 무엇을 주시겠나이까?
내가 무엇을 구해야겠나이까?

오, 영원하신 하나님!
영원한 것으로 내게 주옵소서.
만인이 간구하는 부귀영화보다 당신의 영원한 진리를
구하게 하옵소서. 세상의 빛나는 영광보다
하늘의 영원한 생명으로 가득 채워 주옵소서.
예수님의 이름으로 기도 드립니다. 아멘

5. 감사생활

사랑의 하나님!
참으로 감사합니다. 병마와 질고가 많은 세상에서
건강하게 지켜 주심을 진실로
감사합니다.

우리에게 아름다움과 미움을 가려내는 분별력과
기쁨과 슬픔을 느낄 수 있는 감성을 주시니
감사합니다.

우리에게 생명을 주시고, 가정에는 가족을 주셔서
사랑하며 사랑받는 생활을 하게 하시니
참으로 감사합니다.

사랑의 하나님!
우리에게 교회를 주셔서 하나님께 예배하고
그 말씀을 듣고 배우며, 그리스도를 섬기고
신앙공동체를 이루어 한 식구가 되게 하시오니
무한 감사합니다.

지난 한 해 동안
우리들 가운데, 우리들 집안에, 우리들 사회에
여러 가지 일들이 많았지만 이렇게 평안히 살게 하시니
그 사랑 무한히 감사합니다.

하나님, 아버지의 은혜 정말로 감사하고 고맙습니다.
주 예수님의 이름으로 기도 드립니다. 아멘

6. 찬송생활

사랑의 하나님!
영광과 찬양을 당신께 돌립니다.

우리들은 마음을 다하고, 정성을 다하고, 생각을 다해서
주의 성호를 찬양하고자 합니다.
입으로 주의 이름을 찬양하고
마음으로 주의 성소를 찬미하며
몸으로 주의 뜻을 이루게 하옵소서.

하나님, 우리 마음에 오소서.
우울하고 나약한 저희 마음에 기쁨을 주시고 용기를 주소서.
입을 벌려 호산나를 노래하게 하옵소서.

삼위 일체의 하나님!
영광을 받으시고, 우리 영혼이 주를 찬양하며
우리 구세주 하나님을 생각하는 기쁨이 마음에 넘치게 하옵소서.
마음으로 주를 찬양하고, 입으로 주의 이름을 노래하며
우리 모두 한마음 한 뜻으로 감사의 찬송을 부르게 하옵소서.
메마른 심령에 생명의 단비를 주시고, 억울하고 노여운 이 마음에
주의 위로와 평화를 찬미할 기쁨을 주옵소서.

살아계신 하나님!
저희들의 마음을 활짝 열고 주의 구원을 노래하오니
기쁘게 응답하옵소서.
예수님의 이름으로 기도 드립니다. 아멘

7. 경건생활

사랑의 하나님!
부족하고 어리석은 저희들을
오늘까지 지키시고 인도하심을 감사 드립니다.

사랑의 하나님!
우리와 함께하여 주옵소서.
우리의 생각을 밝히시고, 우리의 지각을 넓혀 주셔서
하나님을 경외하는 가정 되게 하옵소서.

사랑의 하나님!
우리가 바쁠 때나 틈날 때, 아침이나 저녁 때도
하나님을 경외하는 가정 되게 하옵소서.

사랑의 하나님!
저희들의 부모님께 건강을 주시고 원하시는 소원이 성취되게
하옵소서. 또한 저희들을 통하여 보람과 기쁨이 더 크게 하시고
하나님이 주시는 위로와 은총으로 마음을 채워 주옵소서.

사랑의 하나님!
저희들로 하여금 부모님의 사랑과 신앙적인 지도에 어긋나지 않고
기대에 보답하는 성실한 자녀들이 되게 하옵소서.

사랑의 하나님!
저희들도 부모님과 같이 저희들의 자녀에게
주의 말씀과 교훈으로 본을 보이는 부모가 되게 하옵소서.
예수님의 이름으로 기도 드립니다. 아멘

8. 성결한 생활

사랑의 하나님!
우리의 영혼이 하나님을 찬양하고
하나님을 생각하며 기쁨이 가득 차게 하옵소서.

근심과 걱정으로 가득 찬 저희들의 마음을 깨끗하게 하소서.
고집과 선입견으로 가득 찬 저희들의 마음을 성결하게 하소서.

사랑의 하나님!
하나님의 거룩하신 빛을 보게 하소서.
하나님의 빛으로 우리 자신을 올바로 보고 죄인임을 알게 하소서.
하나님의 빛으로 우리의 인간 관계를 보게 하시고
사랑과 용서함으로 살게 하소서.

사랑의 하나님!
우리 자신을 향해 굳게 닫혀진 아집의 마음문을
우리 이웃을 향해 굳게 닫혀진 편협의 마음문을
이 세상을 향해 닫혀진 사랑의 문을 활짝 열게 하소서.

거룩하신 하나님!
우리들은 추하고 더러운 죄인입니다. 그러나
하나님은 전능하신 팔로 우리들을 용납하시니 감사합니다.

거룩하신 하나님!
사랑보다 미움으로, 용서보다 복수로, 웃음보다 노여움으로
살던 저희들에게 거룩한 삶을 살게 하여 주옵소서.
예수님의 이름으로 기도 드립니다. 아멘

9. 구원의 도리

구원의 하나님!
멸망받을 수밖에 없는 죄인들을 구원하시려고
독생자를 보내시어 우리를 속량하시오니 감사합니다.
세상에 죄악이 관영하고, 멸망이 우리 눈앞에 닥쳐와도
십자가의 붉은 피를 믿는 자 되게 하옵소서.

빌립보의 간수와 그 가정이 구원을 얻은 것처럼
우리 가정도 구원 얻는 가정이 되게 하옵소서.
그래서 구원을 얻은 감사와 찬미가 넘치게 하시고
이 구원의 소식을 널리 전하는 가정 되게 하옵소서. 날마다
우리들의 생활이 거룩한 삶이 되어 천국을 이루게 하옵소서.

구원받은 기쁨을 노래하게 하소서.
구원받은 진리를 전파하게 하소서.
구원받은 증거를 나타내게 하소서.

나의 하나님이여!
당신의 사랑은 죄악의 세력보다 더 강하여
죄인인 저희를 구원하여 주셨으니 진심으로 감사합니다.
주님의 거룩한 손이 나를 붙드시고, 주님의 거룩한 음성이
나의 마음에 임하사 구원의 즐거움을 맛보게 하옵소서.

우리들은 하나님 앞에 가까이 갈수록 더할 데 없는 죄인임을
깨닫고 회개하게 하시며, 구원의 확신을 더 굳게 하여 주옵소서.
주 예수님의 이름으로 기도 드립니다. 아멘

10. 중생의 도리

우주만물을 창조하신 하나님 아버지!
그 사랑과 그 보호하심을 감사합니다.
우리는 시기와 악독으로 가득 찬 인간이지만
날마다 보호하고 인도하여 주시니 감사합니다.

그러나 저희들은 죄악된 세상에 살면서 마음과 생각이
악으로 가득하여 원하는 선을 행하기보다
원하지 않는 악을 행하고 있습니다.

그 크신 긍휼하심으로 저희들 마음속에 새로운 영을 주옵소서.
옛사람은 벗어 버리고 의와 진리와 거룩하심으로
새사람을 입게 하옵소서. 육의 욕심을 따라 살지 않게 하시고
신령한 생각과 행동을 할 수 있게 하옵소서.

속죄 주 예수여! 죄인의 상한 심령을 받으시며
죄인의 간구를 들으시는 주님이시여, 우리의 부르짖음을 들으시고,
우리의 소원을 이루어 주옵소서. 우리의 상한 심령을 치료하시고
죄악으로 죽은 마음을 거듭나게 하옵소서.

우리의 입술을 정결하게 하사 주의 성호를 찬양하게 하시고
우리의 발을 깨끗하게 하사 주의 뒤를 따라가게 하옵소서.
우리의 손을 깨끗하게 하사 약한 자를 돌보는
봉사의 손이 되게 하옵소서.

죄악의 옛사람은 죽고, 그리스도로 인하여 새사람 되게 하옵소서.
예수 그리스도의 이름으로 기도 드립니다. 아멘

II. 영생의 도리

다시 살아나신 주님!
우리 가운데 오셔서 저희들로 영생을 맛보게 하옵소서.

죄악이 난무하고 악이 발호하는 세상에서 사망권세를 이기신
주님이 우리와 함께하셔서 악의 세력을 이기게 하옵소서.
이 가정의 식탁에 주님 오시옵소서.
함께 먹고 마시는 식구가 되어 주옵소서.
함께 일하고, 함께 십자가를 지며
다시 사는 영생을 맛보게 하옵소서.

할렐루야, 부활의 주님을 믿는 우리 마음속에
기쁨을 주시고 소망을 주시며, 살아서 믿는 자는
영원히 죽지 않고 죽어도 영원히 사는 믿음을 주옵소서.

죽음을 이기고 부활하신 주님!
잠자던 만물이 봄빛에 소생하듯이 죽은 저희 심령이
다시 살게 하소서. 저희들의 믿음 없는 고뇌와 욕심으로 인한
걱정과 근심, 정신적인 갈등과 고민에서 해방시켜 주옵소서.

다시 사신 주님을 믿는 우리들의 마음속에 오셔서
영생을 확신케 하시고 영원한 세계를 바라보며
용기를 갖고 살게 하옵소서.

영생을 믿는 우리 마음속에 기쁨을 주시고 희망을 주시어
낙심하거나 좌절하지 않게 하옵소서.
사망 권세 이기신 예수님의 이름으로 기도 드립니다. 아멘

12. 믿음생활

역사의 지배자이신 하나님!
우리에게 믿음 주신 것을 감사 드립니다. 인간은 연약하기에
전능하신 하나님을 의지하고 살아야 합니다. 그러나 인간들은
자신의 힘과 지식을 믿고 살려고 하다가 실패하는 때가 많습니다.

하나님! 우리들을 도와주옵소서.
우리들을 감당치 못할 시련 속에 두지 마시고 항상 지켜 주옵소서.
세상 풍랑을 보고 두려워할 때마다 그 손을 내밀어 건져 주옵소서.
슬픔이 우리를 짓누르지 못하게 하시고
가난과 질병이 우리를 비굴하게 만들지 못하도록 보호하옵소서.

하나님! 우리 속에 믿음을 덧입혀 주셔서
세상 풍랑을 이김으로 찬송 부르면서 살게 하옵소서.
믿음은 금보다 귀하오니 저희들로 믿음에 부요하게 하옵소서.
믿음은 강한 힘이오니 믿음으로 마귀권세를 이기게 하옵소서.
믿음은 만능이오니 믿음을 소유하여 승리자 되게 하옵소서.
믿음 없이는 하나님을 기쁘시게 할 수 없사오니
저희들로 하나님을 기쁘시게 할 믿음을 주옵소서.

믿음으로 나라들을 정복하고, 정의를 세워 약속된 것을 받고
사자의 입을 막아 불의 세력을 끄고, 칼날을 피하여 약한 데서
강해지고, 전쟁에 용맹스런 사람이 되었던(히 11:33~34)
믿음의 조상들을 본받게 하소서. "네 믿음이 네 소원대로 되리라"는
주의 음성을 듣는 자 되게 하옵소서.
예수님의 이름으로 기도 드립니다. 아멘

13. 소망의 삶

소망의 하나님이시여!
모든 기쁨과 평강이 믿음 안에서 우리의 가정에 충만하게 하소서.

고난과 역경 속에서도 항상 하나님을 바라보게 하시고
그때마다 하나님의 도움을 받게 하옵소서. 아버지의 강하고
부드러운 사랑은 모든 것을 형통케 합니다. 또한 소망의 하나님을
바라보면 모든 고통과 근심이 사라짐을 압니다.

인생이 지쳐 실망하고, 인생의 짐이 무거워 낙심하며
인생이 실패나, 공포에 눌려 쓰러질 때마다
하나님을 생각하게 하옵소서. 그러면 새로운 용기가 솟아오릅니다.

하나님이시여!
우리를 도와주옵소서. 우리를 감당할 수 없는
역경에 두지 마시고, 주의 팔을 펴시어 우리를 건져 주옵소서.

하나님이시여!
슬픔이 우리를 짓누르지 못하게 하시며
역경이 우리를 실망에 몰아넣지 않게 하옵소서.
병들고 나약함이 우리의 마음까지 허약하게 만들지 않게 하옵소서.

하나님이시여!
그때마다 주의 음성을 듣고 소망을 갖게 하옵소서.
주의 거룩한 손이 우리를 붙드사 주의 음성을 듣고
소망 중에 살게 하옵소서.
예수님의 이름으로 기도 드립니다. 아멘

14. 사랑을 실천하는 삶

사랑의 하나님!
세상을 이처럼 사랑하사 독생자 예수를 희생하신
그 큰 하나님의 사랑, 참으로 감사합니다. 예수님의 사랑을
본받아 저희들도 서로 사랑하는 자 되게 해주옵소서.

그 큰사랑을 통해 구원받은 하나님의 자녀가 된 우리들이
예수님을 멀리하고, 그 사랑을 거스려 우리들 사이에서 예수님을
욕되게 하며 그리스도의 빛을 가리우는 것을 용서하여 주옵소서.

사랑의 하나님!
저희들 가정에, 저희들 교회에, 저희들 마음에, 저희들 직장에
오셔서 서로 사랑하는 자 되게 하옵소서.

주 하나님, 당신을 사랑하는 우리의 마음 변하지 않게 하옵소서.
산이 변해 바다가 되고, 바다가 변해 산이 될지라도
하나님을 사랑하는 우리 마음은 변치 않게 하옵소서.

"우리 주 예수 그리스도를 변함없이 사랑하는 모든 자에게 은혜가
있을지어다"(엡 6:24) 하였사오니
우리는 주님을 사랑합니다.

나를 위해 겟세마네 동산에서 피땀 흘리신 주님,
나를 위해 십자가 지신 예수님을 사랑합니다.
행복이 떠나가고, 죽음의 사자가 우리를 부를 때에도
주를 사랑하는 마음은 변하지 않게 하옵소서.
사랑의 주 예수님의 이름으로 기도 드립니다. 아멘

15. 가정교육

사랑의 하나님!
이 사랑의 보금자리를 주시니 감사합니다.
위로 부모님이 계시고 아래로 자녀들이 있어서
하나님을 믿고 사는 가정이 되게 하신 것 또한 감사합니다.

부모님께 효도를 다하지 못하고
자녀들을 바르게 양육하지 못한 것이 있다면 용서해 주옵소서.

자식은 여호와께서 주신 기업이요,
젊은 자의 자식은 장사의 수중에 있는 화살 같으니
하나님을 기쁘시게 하는 자녀로 양육할 수 있게 하옵소서.

하나님의 교양과 훈계로 양육하는 신앙의 가정이 되게 하옵소서.
하나님께서 사랑하시는 가족들을 지나친 욕심과 유혹으로부터
막아 주시고, 육신의 양식과 영의 은사가 풍족하게 하옵소서.

사랑의 하나님!
이들을 길러주신 부모님께 건강을 주시고
부부에겐 순결한 사랑으로 서로 아끼며 서로 위로하게 하소서.
이들에게 주신 자녀들도 신앙적인 교훈에서
어긋나지 않는 생활을 하게 하옵소서.

사랑의 하나님!
저희들도 사랑하는 자녀들을 위해 하나님의 말씀으로 권면하며
기도하는 부모가 되게 하옵소서.
예수님의 이름으로 기도 드립니다. 아멘

16. 지혜로운 생활

우리들의 하나님이시여!
우리에게 지혜를 주셔서 복음의 진수를 깨닫게 하시고
그것을 지키고 전파할 열심을 주옵소서.

새힘으로 우리를 충만하게 하시는 하나님!
새 시대는 새로운 교회와 새로운 사람을 요구합니다.
지혜의 하나님이시여, 저희들로 지혜가 충만하여
새 시대를 앞서가는 새사람이 되게 하옵소서.
사랑이 미움을 녹여 주고, 진리가 거짓을 물리치는
주님의 나라가 임하옵소서.

사랑의 하나님이시여!
하나님의 말씀을 듣고도 행하지 않는 어리석은 자가 되지 말고
그 말씀대로 행하는 지혜로운 자 되게 하옵소서.

우리는 크리스천으로서 크리스천다운 생활을 하고 있는지
우리의 생각과 행동을 살피게 하소서.
하나님의 뜻을 찾아 그 뜻대로 살려고 하는지
스스로 살펴보게 하옵소서.

일하지 않고 땀 흘림 없이 풍성한 열매만을 바라는
우리들의 어리석은 마음을 하나님 용서하여 주옵소서.

교만한 마음을 겸손하게 하시고
어리석은 생각을 지혜롭게 하여 주옵소서.
예수 그리스도의 이름으로 기도 드립니다. 아멘

17. 성실한 생활

내가 길이요, 진리요, 생명이라고 말씀하신 하나님,
저희들로 성실하고 진실된 사람이 되게 하소서.
진리이신 하나님을 따르지만
인간에게는 거짓과 무성의와 외식이 떠나지 않습니다.
진리이신 하나님은 알파요, 오메가이시니
주의 뒤를 따라가는 자 되게 하옵소서.

하나님, 저희들에게 힘을 주옵소서.
진실보다는 거짓을, 충성보다는 외식을, 봉사보다는 대접을,
아픔보다는 즐거움을 따라가기 쉬운 저희를 붙들어 주옵소서.
진리이신 예수님을 모른다고 말하고 싶은 저희들의
약한 마음에 힘을 주옵소서.
생명에 위협을 당해도 성실하게 살 수 있도록 이끌어 주옵소서.
이제 우리 마음을 비워 주시고 깨끗하게 씻어 주옵소서.
우리의 죄를 용서하시고, 뉘우치는 우리 마음을 위로해 주옵소서.

마음의 눈을 뜨게 하셔서 이웃을 향한 미움과 질투
비판하는 눈초리와 선입견을 벗겨 주시고
성실한 인간이 되게 하옵소서.
우리의 더러운 행동을 용서하시고 새로운 생활을
시작하게 하옵소서.
가난한 마음, 청결한 마음, 온유한 마음, 의와 평화를
사랑하는 마음으로 성실한 사람이 되게 하옵소서.
하나님을 경외하는 복을 내려 주옵소서.
우리에게 진리로 임하시는 예수님의 이름으로 기도 드립니다. 아멘

18. 행복한 생활

전능하신 하나님!
크신 능력으로 세상 주관하심을 믿습니다.
그러나 인간들은 하나님의 능력보다 인간의 지혜를 의지하고
살다보니 우리의 삶은 불안에 싸여 있습니다.

전능하신 하나님! 하나님의 힘을 보여 주소서.
저희에게 그 힘을 의지하고 행복하게 살 믿음을 주옵소서.

저희들의 욕심을 아시는 하나님!
하나님의 밝은 빛으로 저희 마음을 깨끗케 하사 내일을 보게
하옵소서. 맑은 지혜와 깨끗한 양심과 성실한 믿음으로
우리의 삶을 바로 보고 인생을 꾸미며 이웃을 대하게 하사
행복하게 사는 자 되게 하옵소서.
인간은 행복을 바라지만 참된 행복을 알지 못하오니
행복이 무엇인지 가르쳐 주옵소서.

우리들로 예수님이 가르치신 행복을 깨닫게 하옵소서.
마음이 가난한 자가 행복하다, 온유한 사람이 행복하다, 옳은 일에
주리고 목마른 자가 행복하다, 자비를 베푸는 자가 행복하다,
마음이 깨끗한 사람이 행복하다, 평화를 구하는 사람이 행복하다,
옳은 일하다가 박해를 받는 사람이 행복하다 하였사오니
저희들도 예수님의 행복을 따르게 하옵소서.
저희들의 빈 마음을 행복으로 채워 주옵소서.
행복이 무엇인지를 가르쳐 주신
예수님의 이름으로 기도 드립니다. 아멘

19. 주님과의 교제

우리의 친구가 되신 주님!
우리를 지키시며 인도하심을 진심으로 감사 드립니다.

사람이 친구를 위해 목숨을 버리면
이보다 더 큰사랑이 없다고 하셨는데
주님은 우리를 위해 목숨을 버리신 친구입니다.
세상에는 자신의 이익을 위해 친구를 삼으려는 사람은 많으나
자기를 희생하면서 친구를 삼는 이는 주님밖에 없습니다.

친구이신 주님!
우리가 주의 명령을 지켜 주의 친구가 되겠습니다.
우리가 예수를 택한 것이 아니라 주께서 우리를 택하셨으니
영원한 친구가 되어 주옵소서.

죄짐 맡은 우리 구주 어찌 좋은 친군지
걱정 근심 무거운 짐 우리 주께 맡기게 하옵소서.

주께 고함 없기 때문에 복을 받지 못하오니
날마다 친구이신 예수님께 기도하게 하옵소서.

근심 걱정 무거운 짐 아니 진 자 누구인가?
부질없이 낙심하지 말고
친구이신 예수님께 기도하게 하옵소서.
예수 그리스도의 이름으로 기도 드립니다. 아멘

20. 성도의 교제

사랑의 하나님!
이땅에 교회를 주셔서 죄인들이 교회에서 하나님께 예배 드리며
성도들이 사랑으로 교제하게 하심을 감사 드립니다.

그러나 다같은 하나님의 자녀이면서도 지위와 명예, 소유와
권세를 앞세워 진정한 교제가 병들고 있습니다. 교만한 마음을
회개하고, 봉사하는 마음으로 진정한 교제를 할 수 있게 하옵소서.

너희는 세상의 소금이라, 세상의 빛이라 하셨사오니
소금처럼 짠맛을 나타내게 하시고
어두운 세상을 밝게 비춰는 빛이 되게 하옵소서.
소금과 빛이 되기 위해 자기 희생을 할 수 있는 자 되게 하소서.

다같은 하나님의 자녀임을 기억하고 형제의 발을 씻는 종이
되게 하옵소서. 예수님은 죄인의 친구가 되셨고
방탕한 자의 이웃이 되셨사오니, 오늘의 크리스천들도
예수님을 본받아 가난하고 헐벗은 이웃을 섬기게 하소서.

사랑의 하나님, 재산을 쌓아 놓고 다투며 사는 것보다 가난해도
하나님을 경외하면서, 이웃과 더불어 살기를 원합니다.
서로 미워하며 살찐 고기를 먹는 것보다, 서로 사랑하며
채소를 먹으면서도, 찬송 부르며 살기를 바랍니다.

하나님, 저희들의 미련함과 악함과 가시 돋친 말을 용서하시고
하나님의 말씀과 그 지혜를 따라 이웃을 섬기며 살게 하소서.
예수님의 이름으로 기도 드립니다. 아멘

21. 긍정적 삶

전능하신 하나님 아버지!
그 크신 능력으로 세상을 다스리시고 또한 역사하심을
믿으며 감사를 드립니다.

인간은 약하고 부족하여 하나님의 뜻을 거슬리면서 살고 있습니다.
하나님 아버지시여, 그 권능을 저희들에게 보여 주시고
저희들에게도 그 힘을 주시며, 그 힘으로 용감하게
그리고 적극적으로 살게 하여 주옵소서.

모든 것을 아시는 주님, 저희들의 욕심도 아시고 부족도 아시니
밝은 지혜와 맑은 양심과 굳센 의지를 주셔서
담대히 살아가게 하옵소서.
자신만을 위해 사는 자 되지 않게 하시고 이웃을 위하여
도움이 필요한 사람들을 위해 적극적으로 살아가게 하옵소서.

사랑이 많으신 아버지시여, 저희들이 악을 행하지 않는 것으로
만족하지 않게 하시고 적극적으로 선을 행하는 자 되게 하옵소서.

하나님, 저희들이 복음의 제단 앞에 삶을 바친
믿음의 선배들을 뒤따라 곤궁과 핍박이 있더라도
적극적으로 의를 위해 살게 하옵소서.

정의가 불의를 이기고, 자유가 구속을 풀어 주며
사랑이 미움을 녹여 주고 진리가 허위를 물리치는 하나님의 나라가
임하옵소서. 복음을 수호하고 전파하는 자들이 되게 하옵소서.
예수 그리스도의 이름으로 기도 드립니다. 아멘

22. 전도와 선교

우리를 죄악에서 구원하신 하나님!
아버지께 영광과 찬송을 돌립니다.

하나님의 말씀을 순종하여 복음의 진리를
전파하게 하옵소서. 산과 바다 건너 복음의 빛을
널리 전파하여 많은 생명을 구원하게 하옵소서.

멀리 가서 이방사람을 구원하지는 못하지만,
어디서나 예수께서 구주임을 힘써 전하게 하옵소서.
핍박과 환난 중에도 하나님이 함께하심을 믿고
힘을 다해 전도하게 하옵소서

천국 복음을 전파하는 선교사들에게 힘과 지혜를 주시며
인내와 용기도 주옵소서. 섬김받기를 원하고 권위를 찾기보다
신앙의 깊은 자리를 차지하는 전도자 되게 하옵소서.

복음을 전파하는 저희들에게 용기를 주셔서
핍박을 두려워하지 않게 하옵소서.
예수님의 이름 때문에 미움을 받을지라도
끝까지 참는 사람 되게 하옵소서.
저희들로 하여야 할 일을 하고, 하지 않아야 할 일은
어떤 경우에라도 하지 않을 용기를 주옵소서.

저희들이 하여야 할 말은 어떤 때에도 말할 수 있는 용기를
허락해 주옵소서. 그래서 예수가 구주임을 증거하게 하옵소서.
예수의 이름으로 기도 드립니다. 아멘

23. 복된 생활

복의 근원이신 하나님 아버지!
그 넓은 사랑과 큰 은혜를 감사합니다.
죄인인 인간들을 날마다 보호하시고 사랑하여
주심은 오로지 하나님 아버지이 주신 은혜이며 복입니다.

인간들이 먹고 입고 사는 모든 것이 하나님의 은혜요 사랑이건만
어리석은 인간들은 그 은총과 복을 망각하고 하나님을
원망할 때가 있습니다. 자비하신 하나님 용서하여 주옵소서.
이미 받은 사랑을 감사하고 보답하기보다 하나님의 뜻을 거스르며
살아온 저들에게 다시 한번 새로운 삶을 살 수 있도록 이끌어
주옵소서. 땅 위에 보이는 복보다 신령한 복을 바라며 살게 하소서.

약할 때 분별하는 힘이 있고, 두려울 때 자신을 잃지 않는
용기를 가지며, 정정당당한 패배를 부끄러워하지 않고
승리에 겸손하며, 받은 복을 감사하는 자 되게 하옵소서.
저희들로 요행과 안락의 길로 떨어지지 않게 하시고
곤란과 고통의 길을 극복하고 항거할 줄 아는 삶을 살게 하옵소서.
날마다 여호와의 율법을 즐거워하고 주야로 묵상하여
시냇가에 심은 나무처럼 행사가 형통케 하소서.

악인의 잘되는 것을 부러워하지 말고
의인이 핍박받는 것을 부끄러워하지 않게 하옵소서.
성공과 명예와 출세, 이 모두를 하나님께 바치고
빈 마음으로 주를 예배하게 하옵소서.
주 예수님의 이름으로 기도 드립니다. 아멘

24. 천국과 지옥

전능하신 하나님!
말씀으로 우주를 창조하사 인간들이 평안하게 살도록 하시니
진심으로 감사합니다. 그러나 이땅에 죄가 관영하여 싸우고
시기하며, 원망과 불평이 가득하여 괴로운 세상이 되었습니다.

하늘에 계신 우리 아버지시여,
우리들의 마음이 천국 되게 은혜 베풀어 주옵소서.
사랑과 용서, 화평과 온유한 마음으로 천국을 이룩하게 하옵소서.
그리고 오늘의 교회와 가정도 천국이 되게 하옵소서. 기쁨과
감사가 넘치는 천국, 봉사와 희생으로 천국을 만들게 하옵소서.

서로 용서하는 곳이 천국이요, 원수 맺는 곳이 지옥이니
그리스도인이 사는 곳은 초막이나 대궐이나
그리스도를 모시고 사는 천국 되게 하옵소서.

오, 사랑의 하나님이시여,
사랑보다 더 좋은 것은 천상천하에 또다시 없음을 알게 하소서.

믿음 · 소망 · 사랑 그 세 가지 중에 제일은 사랑입니다.
사랑이 없으면 예언도 소용없고, 구제도 쓸 데가 없습니다.
사랑이 없으면 하늘도 땅도 헛되고, 만물이 다 헛것이 됩니다.
사랑이 있어서 주님의 교회요, 구원이요, 천국입니다.

오 하나님, 저희들로 사랑의 사람되게 하옵소서.
사랑으로 천국을 이루게 하옵소서.
주 예수님의 이름으로 기도 드립니다. 아멘

25. 신유 은사

만병의 의사이신 하나님!
성한 사람은 의사가 필요하지 않으나 병든 인간이기에
의사이신 하나님의 은총을 기다립니다.

히스기야 왕이 병들어 죽게 되었을 때 그 기도를 들으시고
그 눈물을 보시며 수한을 15년이나 연장시켜 주신 하나님이시여,
저희의 기도를 들으시고 건강을 허락하여 주옵소서.

바울이 아시아에서 힘에 겹도록 심한 고생을 받아 살 소망까지
끊어지고, 마음에 사형선고를 받은 줄 알았으나 사망에서 건져
주신 하나님, 저희들을 사망의 음침한 골짜기에서 밝은 길로
이끌어 주옵소서. 죄를 자복하오니 저희들의 영혼을
사랑하사, 멸망의 구렁텅이에서 건져 주옵소서.

생명을 창조하신 이도, 우리의 육체를 지으신 이도 하나님이시니
가나안 여인의 딸의 병을 고치시듯 저희의 병도 고쳐 주옵소서.
주의 능력을 믿고 머리숙인 저희들의 믿음을 보살피시고
어루만져 주옵소서. 또한 저희들이 알게 모르게 말과 행동으로
그리고 마음속으로 지은 모든 죄를 용서하여 주옵소서.

빌립보교회의 에바브로디도가 병들어 죽게 되었으나
하나님이 저를 긍휼히 여기사 근심을 면하게 하시듯
저희들의 근심을 면케 해주옵소서. 다시는 범죄하지 않고
건강한 몸으로 주를 영화롭게 하며 살도록 인도해 주옵소서.

만병의 의사이신 주 예수님의 이름으로 기도 드립니다. 아멘

26. 종말을 준비하며

사랑의 하나님!
오늘 이 시간에 하나님 앞에 엎드려 저희들의 죄를
자백하오니 용서하여 주옵소서.

올바른 사람이 단 한 사람도 없습니다. 깨닫는 사람도 없고
하나님을 찾는 사람도 없어서 서로 물고 찢으며 이 세상에서
영원히 살 것처럼 욕심을 따라 살고 있습니다. 나그네 같은
이 세상에서, 빈손으로 왔다가 빈손으로 가는 세상에서 육신의
정욕을 멀리하고 오로지 하나님의 뜻을 따라 살게 하옵소서.

세상은 말세가 되었습니다. 심판의 때가 가까웠습니다.
주 앞에 담대하게 나아갈 수 있는 삶을 살게 하옵소서.
하나님께 '잘했다' 칭찬받는 사람 되게 하옵소서.
사람들은 자만하여 자기를 자랑하고, 돈을 사랑하며, 하나님을 모
독하고, 부모에게 순종하지 않으며, 감사하는 마음이 없고,
하나님보다 쾌락을 더 사랑하고, 경건의 모양은 있으나
경건의 능력은 부인하고 있습니다.

오, 주여! 생각지 않은 날 주께서 도적같이 오신다 하셨사오니
주를 영접할 준비를 하게 하옵소서. 등과 기름을 준비한 지혜로운
처녀같이 주님을 맞이하여 하늘잔치에 참여할 수 있는
그리스도인이 되게 하옵소서
말세에 핍박과 시험이 있다 하였사오니 어려운 역경 속에서도
믿음을 지키고 구원받는 자 되게 하옵소서.
다시 오신다고 약속하신 예수님의 이름으로 기도 드립니다. 아멘

27. 재림 소망

승천하시면서 다시 오신다고 약속하신 주님께 영광을 돌립니다.
있을 곳을 예비하고 우리를 데리러 오신다고 약속하신 주님을
기다립니다. 올라가심을 본 그대로 다시 오신다고 약속하신
주님의 오심을 고대합니다.

핍박과 오해와 시기와 원망이 우리를 시험하오니
아버지께서 우리 마음에 항상 임하시어 용기를 주옵소서.
주 예수의 강림이 가까우니 날마다 죄악을 회개하고 주님을
영접할 준비를 하게 하옵소서. 어두운 일을 벗고
빛의 자녀들처럼 의롭고 진실하며 정직하게 하옵소서.

다시 오신다고 약속하신 주님을 영접할 준비를 갖추게 하옵소서.
주 안에서 우리의 몸과 마음을 깨끗하게 하여
주님을 기쁨으로 영접할 수 있게 하옵소서.
저희가 땅 위에 보화를 쌓으나 그것은 불탈 것이요
좋은 집을 세우나 주님 거하실 집이 아님을 깨닫게 하소서.

회개하는 자를 보시고 기뻐하실 주님이시여,
주의 뜻을 따라 행한 자를 칭찬하실 주님이시기에
우리는 빈 마음, 깨끗한 마음으로 주를 기다립니다.
우리는 빈손 들고 주를 영접합니다.
애인을 기다리는 술람미의 마음으로 주를 기다리게 하옵소서.
천년이 하루같이 빨리 가는데 주님이 오시는 날은
하루가 천년같이 더딥니다. 주 예수님 어서 오시옵소서.
예수 그리스도의 이름으로 기도 드립니다. 아멘

28. 온유와 겸손

천지의 주재이신 아버지시여!
지혜롭고 슬기 있는 자에게는 숨기시고 어린아이들에게
나타내심을 감사 드립니다. 예수님은 마음이 온유하고 겸손하니
나의 멍에를 메고 나를 배우라고 하셨습니다.
우리들도 온유하고 겸손한 자 되게 하옵소서.

"너희는 이 마음을 품으라 곧 그리스도 예수의 마음이라"
하셨사오니 제자들의 발을 씻는 겸비한 마음을 품게 하옵소서.

하나님은 교만한 자를 싫어하시고, 겸손한 자에게 은혜를
주시는데도 인간들은 돈이 있어도 교만, 지식이 있어도 교만,
심지어 기도를 다른 사람보다 잘해도 교만하오니 용서하여 주소서.
저희를 모두 온유하고 겸손한 그리스도인이 되게 하옵소서.

하나님, 저희들은 하나님의 사랑을 받고 또 더 많이 받고 싶어하면
서도, 저희들의 형제나 이웃은 사랑하지도 못하고, 사랑하려고도
안 합니다. 사랑은 고사하고 형제를 향해 교만하고 자긍하며, 형제
를 업신여기는 죄를 범했습니다. 주여 용서해 주옵소서.

하나님, 아버지께서 저희들을 사랑하신 그 사랑으로 이웃을
사랑하며 온유한 태도를 갖게 하옵소서. 저희들을 용서하신
것처럼 이웃을 용서하며, 겸손한 마음으로 그들을 섬기게 하소서.

예수님의 겸손과 온유한 생활을 저희들이 본받아
그리스도의 빛을 나타내게 해주옵소서.
온유하고 겸손하신 예수님의 이름으로 기도 드립니다. 아멘

29. 교만과 자만

하늘에 계신 하나님 아버지!
교만한 자를 물리치시고 겸손한 자에게 주시는 은총을
오늘도 내려 주옵소서.

인간은 강한 자를 만나면 비굴해지다가도
스스로 잘난 체하며 교만해지기가 쉬운
나약한 존재입니다.

기도를 남보다 조금 잘해도 자랑하고 싶고
사회 봉사를 다른 교인보다 낫게 해도 스스로 교만해집니다.
우리 스스로가 신앙의 자리에 바르게 있는지 항상 살펴
교만하지 않고 겸손하게 순종하는 자 되게 하옵소서.

디오드레베는 으뜸 되기를 좋아했기 때문에 교회에서 내쫓김을
당했으나 데메드리오는 진실됨으로 뭇사람에게도 칭찬을
받았사오니 저희들도 교만하지 않게 해주옵소서.

악한 것을 본받지 말고 선한 것을 본받아 하나님의 자녀 되게
하옵소서. 하나님이 교만한 자를 대적하시되, 겸손한 자에게
은혜 주신다는 말씀을 기억하며 당신 앞에서,
이웃 앞에서 겸손한 자 되게 하옵소서.

겸손을 가르치신 예수님, 이 시대에 주님을 따르려면
인간의 교만을 버리고 주님의 겸손을 본받아야 하겠습니다.
자기를 버리고 주를 따르게 하옵소서.
예수님의 이름으로 기도 드립니다. 아멘

30. 순종과 복종

사랑의 하나님!
오늘도 하나님의 사랑을 깊이 느끼고 순종하게 하옵소서.
탕자가 아버지의 집을 떠나듯, 저희들은 사랑의 아버지를 떠나
거역과 불순종의 세계에서 방황하다가 하나님 앞에 나왔사오니
용서하여 주옵소서.

사랑의 하나님, 저희에게 힘을 주옵소서.
십자가보다는 평안을, 희생보다는 영광을, 순종하기보다는 거역을
따르는 죄인이오니 저희들의 약한 마음에 힘을 주옵소서.
남들은 자유를 따라 제멋대로 살아도 저희들은 그리스도 안에서 하
나님께 복종하고 살 수 있게 하옵소서.
그러나 명예나 권세나 물질이 복종하라고 유혹하면
그것만은 복종할 수 없다고, 거역할 힘을 주옵소서.
제사보다 나은 순종의 생활을 할 수 있게 힘 주옵소서.

사랑의 하나님, 저희들의 마음문을 열어 주옵소서.
교만과 불순종으로 가득 찬 저희들의 마음을 깨끗하게 하옵소서.

인간의 어리석은 생각과 고집과 선입견으로 가득 찬
저희들의 마음을 활짝 열게 하옵소서.
교만한 마음을 순종의 마음으로, 고집의 마음을 복종의 마음으로,
아집의 마음을 관용의 마음으로 변화시켜 주옵소서.
주의 교훈으로 내 자신의 생활을 바르게 판단하게 하옵소서.
그리고 겸손히 주 앞에서 순종하게 하옵소서.
예수 그리스도의 이름으로 기도 드립니다. 아멘

31. 충성과 봉사

하늘에 계신 우리 아버지 하나님!
당신은 신실하시오니 저희도 신실한 신자 되게 하옵소서.
우리 주 예수 그리스도는 충성되시니 그를 믿는 우리도 충성하는
사람 되게 하옵소서.

신실하신 하나님과 충성되신 그리스도는 그의 종들에게
신실하라 요구하시고 그의 제자들에게 충성하라 명하시오니
우리들은 신실하고 충성된 일꾼이 되어야 할 줄로 압니다.

맡은 자에게 구할 것은 충성이라 하였사오니
작은 일에도 충성하고 남이 보지 않는 데서도 충성하며
삯을 기대하지 않고 충성하는 일꾼 되게 하옵소서.
"죽도록 충성하라 그리하면 내가 생명의 면류관을 네게 주겠다"고
약속하신 그 말씀 기억하고 당신 앞에 신앙의 절개를 지킬 줄 아는
성실한 사람 되게 하옵소서.

평안하고 쾌락한 길로 인도하지 않고 수고와 희생의 길을
가게 하신 것이 하나님께서 우리를 부르신 뜻이라면 우리가
죽기까지 하나님을 따르는 충성스러운 신자가 되게 하옵소서.

사랑의 하나님께서는 섬김을 받으러 오시지 않고, 섬기고 목숨까지
바치려고 오셨기에, 우리도 서로 섬기는 자 되게 하옵소서.

제자들의 발을 씻기시고 너희도 서로 발을 씻기는 것이 옳다
하셨사오니 저희들도 형제의 발을 씻기는 자 되게 하옵소서.
제자의 발을 씻기신 예수님의 이름으로 기도 드립니다. 아멘

32. 열심과 헌신

하늘에 계신 하나님 아버지,
오늘에 이르기까지 보호하시고 인도하신 은혜를 감사합니다.

그러나 앞날이 험하고 악하오니, 넘어지고 쓰러질까
두렵고 떨립니다. 우리의 갈 길 다 가도록 인도하여 주옵소서.
기근을 당해도 주를 버리지 않게 하시고
핍박을 만나도 주를 모른다 하지 않게 지켜 주시옵소서.

"나의 복음을 천하에 전하라"고 하신 주의 말씀에 순종하여
교회를 봉사하게 하시고 낙심하지 않게 하옵소서.
게으르지 말고 부지런하며 열심을 내어 주를 섬기게 하옵소서.

우리의 최후에도 하나님, 함께하옵소서.
주여, 우리로 하여금 교회를 위하여 열심히 봉사하게 하옵소서.
우리의 모든 것을 다 드려서 교회를 받들게 하옵소서.

하나님이시여, 우리는 복음을 위해 이 마음과 몸을 바치길
원합니다. 우리에게는 예수를 위한 사랑이 부족합니다.
예수를 사랑하지 않는 교회 봉사와 헌신은 울리는 꽹과리와 같으니
우리의 온몸과 우리의 생명을 다 드려서
예수를 사랑하며 교회를 섬기게 하옵소서.

지난날 우리의 부족을 아시는 하나님이시여,
예수 사랑하는 마음을 주시고 그 마음으로 열심히 봉사하고,
헌신하는 자 되게 하옵소서.
예수님의 이름으로 기도 드립니다. 아멘

33. 용서와 칭찬

사랑의 하나님 아버지!
하나님의 사랑과 용서를 깊이 깨닫고 용서하는 자 되게
하옵소서. 아버지 하나님의 사랑과 용서가 있기에
많은 아픔과 고통을 이길 수 있습니다. 아버지의 사랑을 믿기에
고통을 참으며 희망을 갖고 살아갈 수 있습니다.

사랑의 하나님, 저희들로 형제를 사랑하고
이웃을 용서할 수 있게 하옵소서. 저희들에게 힘을 주옵소서.
용서보다는 원망을, 사랑보다는 미움을 선택하며
주님을 모른다 하고 싶은 저희들의 약한 마음에 힘을 주옵소서.

조용히 십자가의 길을 걸으시면서 십자가에 못 박는 무리를
향해 용서하시던 말씀을 기억하오니
저희도 서로 용서하는 자 되게 하옵소서.

이웃의 실수와 잘못을 지적하고, 형제가 잘한 것을 칭찬하기에
인색했던 옹졸한 마음을 용서하소서. 자기 잘못에는 너그러우면서
형제의 잘못에는 엄격한 생각도 회개하게 하옵소서.

만냥의 큰빚을 탕감받고도 자기에게 백냥 빚진 이웃에게는
가혹한 행동을 하는 저희들이, 형제를 용서하게 하옵소서.

우리가 우리에게 죄지은 자를 용서함과 같이 저희들의 죄를 용서해
달라고 마음 평안히 주기도를 할 수 있는 자 되길 원합니다.
십자가 위에서 원수를 용서하시던 예수님의 이름으로 기도 드립니다. 아멘

34. 협동과 단결

사랑의 하나님,
우리에게 생명을 주시고 건강을 주시니 감사합니다.
우리에게 말하는 이성과 생각할 수 있는 지혜와 사랑하며
긍휼히 여기는 마음을 주신 것 또한 감사 드립니다.

그러나 우리들은 형제와 화목할 줄 모르고 다투고
시기하며 살고 있습니다.
삼천리 금수강산에 한민족이 살건만 남과 북으로 갈라졌고,
예수 그리스도를 구주로 믿고 있지만 교리의 차이와
감정 대립으로 교회는 분열을 거듭하고 있음을 고백합니다.

하나님, 하나 되게 하옵소서.
마귀가 우는 사자와 같이 많으니 우리들로 단결하게 하옵소서.
개인의 욕심으로 교회를 분열시키고,
고집으로 단결을 파괴하는 자 되지 않게 하옵소서.
상한 갈대도 꺾지 않으시고, 꺼져가는 등불도 끄지 않으시는
주님처럼 저희들도 병들고, 약한 자를 돕는 자 되게 하옵소서.

세리와 창기의 친구이셨던 주님,
저희들도 이웃과 친구가 되게 하소서.
저희들로 "하나가 되라" 말씀하신 그 명령을 따라 협동과
단결의 정신을 발휘하도록 힘을 주옵소서. 교회가 협동하고
민족이 단결해야 우리의 삶에 힘이 생기고
우리들 말 속에 사랑과 기쁨과 환희가 넘칠 줄 압니다.
십자가에 달리신 예수님의 이름으로 기도 드립니다. 아멘

35. 인내와 끈기

전능하신 하나님 아버지!
그 힘으로 세상을 다스리시며 역사하심을 믿고 감사합니다.
모든 것을 아시는 하나님, 저희들의 욕심을 아시고
행동을 아시니 우리를 선하게 인도하여 주옵소서.

저희들은 결심하고도 나약해지고, 맹세하고도 지키지 못할 때가
많습니다. 그리스도의 밝은 빛과 지혜로 이 세상을 옳고 바르게
살아가도록 인도해 주옵소서. 연약한 저희들을
붙들어 주시고, 절망을 넘어 희망을 보게 하소서.
좌절을 극복하고 기쁨을 맛보게 하옵소서.
야곱과 같이 씨름에서 승리하여 새사람 되게 하옵소서.
십자가의 고통을 짊어지고 있지만
부활의 아침을 바라보고 살게 하소서.

하나님, 우리들 모두의 가슴속에는 각양의 고통과 아픔을
간직하고 있습니다. 이 고통 때문에 낙심할 때가 있고,
이 아픔 때문에 쓰러질 때가 있습니다.
저희를 붙들어 주옵소서. 역경에서 인내할 수 있게 하시고,
환난에서 끈기 있게 견디도록 하옵소서. 이 고통, 이 아픔을
견디는 곳에 하나님의 영광이 있음을 믿습니다.
하나님, 저희들에게 참고 견디는 힘을 주옵소서.
예수님의 고난을 기억하며 하나님의 뜻을 생각하게 하옵소서.
고통을 통하여 하나님을 가까이 모시고
아픔을 통하여 우리의 믿음이 성숙하게 하옵소서.
고난의 십자가를 지신 예수님의 이름으로 기도 드립니다. 아멘

36. 자비와 양선

사랑과 자비의 하나님!
저희들의 마음을 붙들어 주옵소서.
성령의 열매는 사랑과 희락과 화평과 오래 참음과 자비와
양선과 충성과 온유와 절제라고 가르쳐 주신 주님,
저희가 자비와 양선의 사람이 되게 하옵소서.
그래서 성령받은 증거를 널리 보이게 하옵소서.

선한 사마리아 사람의 비유를 가르치시며
"누가 강도 만난 자의 이웃이냐" 묻고, 자비를 베푼 자라고 하자
"가서 너도 이와 같이 하라"고 하신 주님, 저희도 자비를
베푸는 자들이 되게 하옵소서. 십자가에 달리셨을 때도 못 박는
자들을 사해 달라 하셨고, 함께 달린 강도를 축복하심으로
자비와 양선의 모범을 보이신 아버지를 본받게 하소서.

자비롭고 은혜롭고 노하기를 더디하고 인자와 진실이 많으신
하나님, 그 자비로 우리를 용서하시고 인도하심을 감사 드립니다.

자비와 긍휼의 하나님, 그 자비에 의지하여 인내의 생활을 하게
하소서. 또한 저희들로 양선의 사람들이 되게 하옵소서.
열심히 살며 선하게 살고 충성을 다해 일하게 하옵소서.

양선의 사람들은 패하고 손해 보는 듯하나
마지막 승리는 그들에게 있음을 알게 하옵소서.
악함이 양선을 이기지 못함을 믿고 양선의 길을 걷게 하옵소서.
예수님의 이름으로 기도 드립니다. 아멘

37. 절제생활

절제도 성령의 열매 가운데 하나라고 가르쳐 주신 하나님!
저희들이 욕심을 절제하고, 말을 절제하고, 소유욕을 절제하며
살게 하시어, 절제의 아름다운 모습을 널리 보이게 하옵소서.
모든 일에 절제함으로 이겨내어 썩지 않을, 면류관을 쓰게 하소서.

우리 영혼이 주님을 우러러뵈오니 당신의 종을 기쁘게 해주옵소서.
저희가 하나님의 넘치는 사랑으로 죄 사함을 받고 기쁨으로 살게
하옵소서. 의로운 사람이 종려나무처럼, 레바논의 푸른 백향목처럼
자라나게 하옵소서. 또한 저희들이 욕심과 교만을 버리고
진실하고 착하게 절제하며 살도록 해주소서.

우리에게 근심이 많을 때 당신의 위로로 내 영혼이 기뻐 찬송케
하옵소서. 하늘이 기뻐하고 땅들이 즐거워하며 거기 사는
신자들도 기쁨으로 살게 하옵소서.
낡은 인간성을 벗어 버리고 새로운 인간이 되고자 하오니
성령으로 거듭나서 낡은 껍질을 벗고
성령의 인도하심을 따라 살게 하옵소서.
시기와 분쟁을 버리고 사랑과 화해로 사는 새사람이 되게 하소서.

그리스도를 본받아 참을 수 없는 것을 참으며,
사랑할 수 없는 것을 사랑하는 자 되기를 원합니다.
인간의 감정대로 살거나 말하지 말게 하시고, 성령의 인도하심
따라 이웃에게 덕을 세우는 말과 행동을 하게 하옵소서.
지식에 절제를, 절제에 인내를 더하라고 하신
예수님의 이름으로 기도 드립니다. 아멘

38. 팔복(산상수훈)

산에 오르시어 입을 열어 사람들을 축복하신 하나님!
저희들에게도 복을 내려 주옵소서.

복받기 위하여 마음이 가난한 자 되게 하옵소서.
위로의 복받기 위해 죄를 애통히 여기게 하옵소서.
온유한 자 되게 하옵시며 주리고 목마른 자같이
의를 사모하는 자 되게 하옵소서. 구제의 긍휼, 용서의 긍휼을
베풀게 하시며 마음이 깨끗하여 하나님을 볼 수 있게 하옵소서.

화목하게 하는 직책을 감당케 하시고
의를 위해 핍박받음으로 하늘에서 받는 상이 크게 하옵소서.
그리스도인이 추구하는 복은 마음이 가난한 자의 복이며
온유하고 슬퍼하며 애통하는 자의 복이오니
저희가 예수의 복을 깨닫게 해주옵소서.

사랑의 하나님, 세상 물질을 축복으로만 알고
하나님을 멀리하는 일이 없게 해주옵소서.
고대광실 넓은 집에 살아도,
아름다운 명예와 만인이 우러러보는 자리에 앉아 있어도
하나님께서 떠나시면 참 행복, 참 기쁨이 없음을 압니다.
아버지이시여, 우리를 떠나지 마옵소서.

죄를 범하고 잘살기보다 의를 위해 핍박받는 것이
우리에게 만족이오니, 주를 위해 고난받으면서도
즐겁게 살 수 있는 용기를 주옵소서.
주 예수님의 이름으로 기도 드립니다. 아멘

39. 예수님의 비유

살아계신 우리 아버지 하나님!
저희들의 심령을 살피시고 은총을 베풀어 주소서.
메마른 심령에 생명의 단비를 주시고, 억울하고 노여운 마음에
위로와 평화를 주옵소서. 진리의 말씀을 듣고도 깨닫지 못하고
알면서도 행하지 못하는 어리석은 저희들을 인도해 주옵소서.

병든 몸과 지친 마음을 고쳐 주시어 건강하게 하옵소서.
"이웃을 사랑하라"는 말씀을 알면서도 사랑하지 못하고
"형제를 용서하라"는 교훈을 들으면서도 실행하지 못하는
저희들에게 힘 주시고 용기 주시어
이웃을 사랑하며 용서하게 하옵소서.

비유가 아니면 말씀을 하지 않으신 주님은
우리에게 많은 비유로 교훈하셨습니다.
그 비유를 읽을 때마다 주의 뜻을 깨닫게 하옵소서.
읽어도 깨닫지 못하는 때가 있사오니
비유가 어려워서가 아니라 우리 마음이 깨끗지 못한 탓입니다.
우슬초로 저희의 마음을 정결케 하사
예수님의 비유를 깨닫게 하옵소서.

"듣기는 들어도 깨닫지 못하며 보기는 보아도 알지 못하리라"
하셨으니 예수님의 비유를 알 수 있는 열린 마음을 주옵소서.
예수의 비유를 통해 자신의 위치와 사명을 깨닫고
보는 것과 듣는 것이 모두 주를 위한 생활이 되게 하옵소서.
예수님의 이름으로 기도 드립니다. 아멘

40. 예수님의 이적

사랑과 능력이 많으신 하나님 아버지!
그 능력과 사랑으로 저희들을 보호하시고 인도하심을 감사합니다.
풍랑을 잔잔하게 하신 주님, 저희들의 엉클어진 마음,
가정의 근심과 사업상의 고통, 교회의 사건들, 이웃간의 마음
상한 일들, 가족의 병환 문제, 자녀들의 진학 문제 등
이루 다 열거할 수 없는 복잡한 풍랑을 잔잔하게 해주옵소서.

오병이어의 기적을 베푸신 하나님,
굶주림으로 시달리는 사람들에게, 특히 북한동포들에게
그 기적을 나타내시어 식량 문제를 해결해 주옵소서.
저희들이 굶주린 이웃을 돕기 위해 힘쓰는 정성이
한 소년이 주님께 바친 오병이어가 되게 하옵소서.
시각장애인인 바디메오의 눈을 뜨게 하신 예수님!
역사의 시각장애인인 위정자들과 교회 지도자들의
눈을 뜨게 하시어 새로운 하나님의 역사를 보게 해주옵소서.

많은 병자를 고쳐 주신 하나님,
병으로 신음하고 있는 이들을 일으켜 주옵소서.
나사로를 살리신 주님, 죽어가는 심령들을 살려 주옵소서.
기적 가운데 기적은 주님의 부활이오니 이를 믿고
우리들도 이 다음에 부활할 것임을 알게 하소서.
기적 이야기를 허황된 것으로 여기는 불신앙을 범하지 않게
하시고, 겸손한 마음으로 오늘 우리에게 필요한 기적을
구하게 하옵소서.
많은 기적을 행하신 예수님의 이름으로 기도 드립니다. 아멘

41. 새해맞이심방

누구든지 그리스도 안에 있으면 새로운 피조물이라고 하신 하나님!
새해를 맞이하여 아버지의 이름으로
이 가정을 심방하게 하시니 감사 드립니다.

새해 이 가정에 평안이 늘 넘치기를 간절히 기도합니다.
또한 말씀을 지켜 행하는 가정이 되기를 구하오니
성읍에서도 복을 받고, 들에서도 복을 받게 하시며
자녀와 가정 경제에서도 복을 받게 하소서.
아버지께서 이 가정을 지켜 주셔서 좋지 않은 일이
한 길로 왔다가 일곱 길로 도망치게 해주옵소서.

세월을 아끼라고 하신 하나님,
올해는 이 가정이 하루하루를 생애 첫날인 것처럼
많은 계획을 세우게 하시고, 하루하루를 생애 마지막 날인 것처럼
성실하게 살도록 인도해 주옵소서.
막연하게 흘러가는 시간이 아니라
의미와 가능성이 있는 시간이 되게 해주옵소서.

이제 주님께서 주신 이 해가 다 저물 때
"주여, 부족하지만 최선을 다한 한 해였습니다." 라고
주님께 고백할 수 있게 해주옵소서.
이른 비와 늦은 비를 적당한 때에 내려 주시기를 간절히 원합니다.
믿음으로 새해를 출발하게 하심을 진정으로 감사 드리며, 올해
이 가정의 행진이 주님을 바라보는 믿음의 행진이 되게 하소서.
우리를 새롭게 하시는 예수님의 이름으로 기도 드립니다. 아멘

42. 가을추수심방

먹을 것을 여름 동안에 예비하며 추수 때에
양식을 모으는개미를 보고 지혜를 얻으라고 하신 주님!
이 가정을 지금까지 인도하여 주심을 감사 드립니다.

하나님, 이제 추수할 때가 되었습니다. 이 가정이 세상의
일에서 또 영적인 면에서 많은 알곡을 추수하게 하심을
감사 드립니다. 천국 창고를 여시고, 이 가정이 추수한 알곡을
받아 주소서. 착하고 충성된 종이라는 칭찬을 내려 주옵소서.

"범사에 감사하라"고 하신 하나님,
이 가정이 감사하는 가정이 되게 하시어 주님이 베풀어 주신
복을 헤아리게 하시고, 뜻대로 되지 않는 일 가운데도
주님의 사랑과 섭리의 인도가 있음을 깨닫게 하소서.
감사로 추수하게 하옵소서. 토지 만물을 가지고 주님께
나아와 감사하며 바치라고 하신 말씀을 기억하게 해주소서.

혹 이 해에 주님께 바칠 열매가 없습니까? "주인이여 그대로 두소
서 내가 두루 파고 거름을 주리니 이후에 만일 열매가 열면
좋거니와 그렇지 않으면 찍어 버리소서"(눅 13:8~9) 하는 주님의
사랑에 의지하여 다시 열매 맺는 가정이 되도록 힘쓰게 해주소서.
이제 이 해의 남은 시간들을 더욱 선용하게 해주옵소서. 그래서
송구영신 예배를 드릴 때는 기쁨으로 주님 앞에 나오게 해주소서.
그리고 지금까지 남을 돕는 일을 비롯하여 선행에 힘쓰지 못했으면
이제부터 더욱 힘쓰게 해주옵소서. 추수하는 농부의 기쁨을 아시는
예수님의 이름으로 기도 드립니다. 아멘

IV. 격려 심방기도

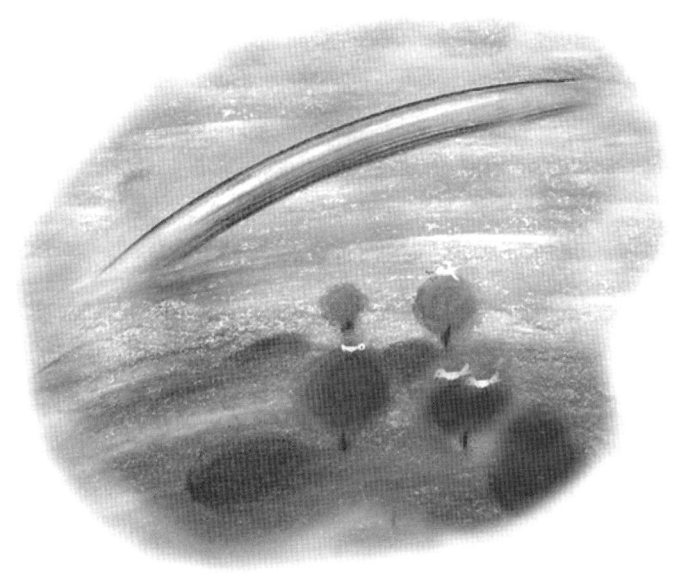

심방시 필요한 말씀요약

1. 새로 믿는 신자
(엡 4:22~24 / 450 · 495)

제목: 새 사람을 입으라
1) 새사람은 옛사람의 옷을 벗어 던지는 일로부터 시작됩니다.
2) 생각과 행실의 모든 삶이 새사람을 입어야 합니다.

2. 주일을 잘 지키지 못하는 신자
(출 20:8~11 / 55 · 56)

제목: 안식일과 신앙생활
1) 하나님은 엿새 동안 창조사역을 마치고 이레 되는 날에 쉬셨습니다(창 2:2).
2) 하나님께서는 쉬신 그날을 복 주어 복된 날로 정하셨습니다(창 2:3).
3) 안식일은 주의 날이며 주의 날은 구별된 날입니다(창 2:3).

3. 낙심했다가 재기한 신자
(고후 4:16~18 / 395 · 471)

제목: 하나님의 위로
1) 하나님께서 우리를 그리스도의 의로써 불러주셨습니다.
2) 하나님께서 능력의 손으로 우리 손을 잡아 보호하여 주십니다.
3) 하나님께서 건강한 육신으로 선한 일 하도록 우리를 도우십니다.

4. 신앙의 동요를 받는 신자
(히11:24~29 / 93 · 96)

제목: 믿음으로 굳게 선 모세
1) 세상 욕심을 거절한 결단력 있는 믿음이었습니다.
2) 하나님의 백성과 함께 고난받기를 좋아한 믿음이었습니다.
3) 상 주시는 하나님을 바라보는 믿음이었습니다.

5. 기도가 막힌 가정
(마 6:5~15 / 344 · 364)

제목: 기도의 자세
1) 형제와의 장벽을 헐어야 합니다.
2) 진실한 마음으로 하나님께 아룁시다.
3) 삶 자체가 기도여야 합니다.

6. 술, 담배를 끊지 못하는 신자
(잠 23:29~35 / 333 · 334)

제목: 그것을 보지도 말지어다
1) 재앙, 근심, 분쟁, 원망, 붉은 눈은 술에 잠긴 자에게 있습니다.
2) 술은 마침내 뱀같이 물고 독사같이 쏠 것입니다.
3) 눈에는 괴이한 것이 보이고 망령된 것을 발할 것입니다.

1. 새로 믿는 신자

알파와 오메가요 처음과 나중이신 하나님 아버지!

이 세상 만물을 창조하시고 그중에 저희 인생을 지으실 때 하나님의 형상을 닮은 피조물이 되게 하심을 감사 드립니다. 또한 이 시간까지 우리의 생명을 보호하시고 연장해 주심을 인하여 감사를 드립니다.

사랑이 많으신 하나님 아버지, 하나님의 크신 사랑을 받은 저희들이오니 마땅히 하나님을 영화롭게 하고 하나님의 뜻대로 살아야 할 터인데, 연약한 육신을 따라 세상의 욕심을 따라 살았던 것을 고백합니다.

긍휼이 풍성하신 하나님, 오늘 이 시간 주님의 부르시는 음성을 듣고 주께 나아와 머리를 숙인 성도가 있습니다. 이 성도의 지난날들의 허물을 덮으시고, 십자가의 사랑으로 충만하게 하옵소서. 이제 이 성도를 더욱 사랑해 주시고 옛사람을 벗게 하시어 그리스도로 말미암아 새사람을 입게 하옵소서.

예수 그리스도께서 우리의 죄악을 대신하여 피 흘려 죽어 주신 사실 앞에서 감사와 찬송을 드리는 생활을 하게 하옵소서. 세상 끝날까지 우리와 동행하여 주시겠다고 약속해 주신 하나님, 이 성도의 손을 붙드시고 이 성도가 주의 영원하신 팔에서 평화를 누리게 하시며, 기쁨이 넘치는 삶이 되게 하옵소서.

이제 주님 앞에서 새로운 출발을 시작한 이 성도가 어떤 유혹이나 환난을 만날지라도 생명의 줄 되시는 주님을 굳게 의지하고 믿음으로 승리하게 하옵소서.

우리를 구원해 주신 예수님의 이름으로 기도 드립니다. 아멘

2. 주일을 잘 지키지 못하는 신자

안식일을 기억하여 거룩히 지키라고 하신 하나님!
예수 그리스도의 십자가의 공로로 저희들을 구속하여 주심을 감사하며 찬송을 드립니다. 또한 저희들에게 주의 날을 허락하시어 하나님을 향하여 구속의 은총을 감사하며 찬송할 수 있게 하심을 감사 드립니다.
하나님, 이 성도에게 하나님의 말씀에 순종하는 믿음을 주시고 말씀에 순종함으로 받는 복을 누리게 하옵소서. 복잡하고 분주한 삶 속에서 주의 날을 잊지 않게 하시며 주의 날을 온전히 지키게 하옵소서. 주의 전에서 한 날이 세상에서의 천 날보다 복되고 소중함을 알게 하옵소서.
연약한 자를 붙드시는 자비로우신 하나님, 이 성도에게 굳건한 믿음을 주시어 세상의 유혹에 넘어가지 않게 하옵소서. 마음이 연약함으로 인해 주의 날을 범하지 않게 하시며, 사업이나 물질 때문에 하나님의 말씀을 어기지 않게 하옵소서. 모이기를 폐하는 무리들의 어떤 유혹에도 넘어지지 않게 하옵소서.
참된 휴식을 주시는 하나님, 주의 날을 지킴으로 주님 안에 있는 참된 휴식과 평안을 얻게 하옵소서. 주의 날을 통해 새 힘을 얻고 세상에서 승리하는 이 성도가 되게 하옵소서. 안식일은 주님께서 부활하신 날이오니 안식일을 지킬 때 부활하신 주님을 만나게 하옵소서. 또한 안식일을 잘 지키는 것은 엿새 동안 사회에서 분주하게 일하며 피곤에 지친 육체와 영혼의 건강을 도모하는 일이 된다는 것을 깨닫게 하시어, 남을 위한 것이 아니라 바로 자신을 위한 복된 주일임을 알게 하옵소서.
안식일의 주인이신 예수님의 이름으로 기도 드립니다. 아멘

3. 열심이 식은 신자

사랑과 긍휼이 풍성하신 하나님 아버지!

죄인들을 구속하시기 위하여 독생자까지 보내주신 그 크신 사랑에 감사와 찬송을 드립니다. 연약한 인생들을 향하신 하나님의 사랑은 이렇게도 크고 무한한데, 하나님을 향한 저희들의 사랑과 열심이 온전하지 못함을 용서하여 주옵소서.

생명까지 버리신 하나님의 사랑을 입은 저희들은 하나님께 감사하며 찬송을 드려야 할 터인데, 육신의 연약함과 세상의 유혹 때문에 그리하지 못하고 있는 것을 고백하지 아니할 수가 없습니다. 이 시간 용서하여 주옵소서.

하나님, 연약한 저희들을 붙드셔서 깊은 게으름의 잠에서 깨어나게 하옵소서. 열심을 품고 게으르지 말고 주를 잘 섬길 수 있는 믿음을 주옵소서. 첫사랑을 회복하여 처음 믿음과 처음 열정을 갖게 하옵소서. 우리의 게으름과 나약함을 깨닫게 하시며, 사랑이 부족함을 깨닫고 주께 가까이 나아가는 복된 믿음을 주옵소서. 신앙생활이 나태해지고 비뚤어져 가는 것이 자신의 삶에도 영향을 미치고 있음을 압니다.

초대교회 성도들처럼 열심히 모여서 하나님을 찬양하며, 사랑을 나누는 교제를 통해 성도와 성도가 하나 될 수 있도록 도와주옵소서. 구원받은 성도의 모습을 행동으로 나타내게 하옵소서. 열심 있는 믿음의 삶을 통하여 그리스도의 향기를 드러내게 하옵소서. 차지도 않고 덥지도 않은 미지근함을 씻어 버리고 온전한 믿음과 열심으로 주를 섬기게 하옵소서. 이 성도의 열심을 식게 한 갈등이 있다면 하나님께서 위로하시고 회복시켜 주옵소서.

예수님의 이름으로 기도 드립니다. 아멘

4. 기도생활을 안 하는 신자

살아계시며 전능하신 하나님 아버지!
우리들의 삶을 지켜 주셔서 감사 드립니다.
우리가 기도하는 것을 기뻐하시는 하나님, 만물의 마지막이 가까웠으니 깨어 있으라고 말씀하시는 주님의 말씀을 기억합니다. 깨어 기도하게 하옵소서. 기도는 우리 영혼의 호흡이오니 기도를 통해 영혼이 건강을 얻게 하옵소서. 기도하기를 쉬는 죄를 범하지 않게 하옵소서.

하나님께서 사랑하시는 이 성도가 날마다 기도를 통해 주님과 교제하게 하시며 이 세상을 이길 힘을 얻게 하옵소서. 기도함으로 주의 음성을 듣게 하시며 하나님의 뜻을 깨닫게 하옵소서. 기도함으로 이 세대를 분별하는 지혜를 얻게 하옵소서. 쉬지 않고 기도함으로 이 성도의 영혼이 메마르지 않게 하옵소서.

기도에 응답하시는 하나님, 기도함으로 능력을 얻게 하시며 모든 어려움을 헤쳐 나갈 수 있게 하옵소서. 많은 믿음의 선배들이 기도함으로 승리생활을 하였던 것처럼 이 성도도 기도함으로 승리생활을 하게 하옵소서.

하나님 아버지, 기도생활에 방해가 되는 것들을 제하여 주시고 주님과 일대일의 만남을 통하여 능력을 얻게 하시며 날마다 새힘을 얻어 독수리가 날개 치며 올라가는 것 같은 활력있는 삶을 살게 하옵소서. 승리하게 하옵소서. 기도함으로 온전한 삶을 살아가는 그리스도인이 되게 하옵소서. 그리스도께서 하나님의 뜻을 받들며 공생애를 보내신 원동력도 피와 땀과 눈물을 쏟으며 기도한 결과인 줄 믿사오니 이 성도에게 기도할 수 있는 마음과 힘을 주옵소서.

기도의 모범을 보이신 예수님의 이름으로 기도 드립니다. 아멘

5. 믿다가 타락한 신자

생명의 주인이 되시는 아버지 하나님!

죄로 말미암아 버림받을 수밖에 없고 영원히 멸망 받을 수밖에 없는 저희들을 그리스도의 십자가 보혈로 구속하여 주심을 감사 드리며 찬양합니다.

그러나 저희 인생들은 연약해서 하나님의 사랑과 은총을 망각하고 세상의 유혹과 재물의 유혹에 빠져 들어갈 때가 있습니다. 이 성도의 연약함을 능력의 팔로 붙들어 주시기를 원합니다. 어떠한 어려운 일을 만날지라도 생명의 주를 떠나지 않게 하시며 영원한 구원의 소망을 잃지 않게 하옵소서. 구원의 하나님께서 그동안 베풀어 주신 구속의 사랑을 깨닫게 하시고, 그리스도로 말미암아 처음 사랑을 회복하게 하옵소서. 그래서 이기는 자에게 주시는 생명나무의 과실을 얻게 하심으로 참 승리자가 되게 하옵소서.

자비하신 하나님, 인생의 연약함을 주께서 아십니다. 순간의 잘못된 판단으로 하나님과 멀어져 버렸으나 자비하신 하나님께서 붙들어 주시기를 원합니다. 주님 안에 참 생명이 있고 소망이 있음을 깨닫고 주께로 돌아와 하늘 소망을 바라보며, 새로운 힘과 믿음을 갖고 새 출발하며 주님만을 바라보게 하옵소서.

은혜로우신 하나님 아버지, 이제부터 마음의 고통을 모두 씻어버리고 영광된 삶의 자리로 옮겨지는 역사를 허락하옵소서. 또한 함께 믿음생활하던 저희들이 이 성도의 따뜻한 이웃이 되어 주지 못했던 것을 고백하오니 관심을 갖고 사랑을 나누는 교제가 있게 하옵소서.

우리를 죄악 중에 구원하신 예수님의 이름으로 기도 드립니다. 아멘

6. 외식적인 신자

사람의 중심을 보시는 여호와 하나님!

이 순간에도 저희 인생들을 불꽃같은 눈으로 감찰하시며 생사화복을 주관하심을 믿고 감사와 찬송을 드립니다.

이 세상은 죄악으로 말미암아 서로 속이고 죽이는 혼란한 세상이 되어 버렸습니다. 거짓된 인생들은 마음속에 온갖 불의와 추악한 죄와 음란이 가득하면서도 겉으로는 의로운 체, 거룩한 체합니다.

인생의 생각과 계획까지도 아시는 하나님, 하나님의 구속함을 받은 이 성도가 주님 앞에서 진실된 삶을 살게 하옵소서. 멸망을 향하여 달려가는 거짓된 무리들을 본받지 않게 하시며, 사악한 무리들과 동행하지 않도록 굳건한 믿음을 더해 주옵소서.

진실한 사람을 찾으시는 하나님, 이 성도에게 하나님을 대할 수 있는 청결한 마음을 허락하시고 깨끗한 양심과 믿음을 가지고 진실하신 주님의 뒤를 따르게 하옵소서. 진실을 갖고 거짓을 이기게 하시며, 진리를 앞세워 온갖 불의를 물리치게 하옵소서. 사람에게 보이려고 그들 앞에서 의를 행하지 않도록 주의하게 하시고 구제할 때도 은밀히 하게 하옵소서. 기도할 때도 외식하는 자와 같이 하지 말게 하옵소서. 진실한 삶의 소중함을 깨우쳐 주시고 진리로 거룩함을 얻게 하옵소서.

외식하는 무리들을 꾸짖으신 하나님, 바리새인과 같은 마음으로 살아가는 사람들을 불쌍히 여기시고 하나님의 긍휼하심으로 그들을 구원의 길로 인도함을 받게 하옵소서.

길과 진리와 생명이 되시는 예수 그리스도의 이름으로 기도 드립니다. 아멘

7. 먼 거리에서 오는 신자

죄인들을 구원하시려고 독생자를 이 세상에 보내 주신 하나님!
　먼 거리에서 예배에 참석하고 있는 이 성도를 위해 기도 드립니다. 이 성도가 비록 주님께 예배 드리기에 불편한 먼 곳에 살고 있지만 주님 안에 참 생명과 평안이 있으며 영원한 안식이 있음을 깨닫고, 주께 나오는 주님의 백성이오니 기쁘게 받아 주옵소서. 주께 나올 때마다 마음 가운데 참 평안과 만족으로 가득 채워 주시며 말씀을 잘 깨닫게 하시고 살아계신 주님 만나 주셔서 기쁨으로 되돌아가게 하옵소서.
　사랑이 많으신 하나님 아버지, 사랑하는 성도가 주께 나와 간구할 때마다 하늘 문을 여시고 그 간구와 소원을 들어 매일 응답하여 주옵소서. 주님을 향하여 먼길을 마다하지 아니하고 오는 발걸음이 결코 헛되지 않게 하시고 그 발걸음마다 향내가 퍼지어 주의 보좌를 움직이는 발걸음이 되게 하옵소서.
　은혜로우신 하나님 아버지, 주님께서 우리 죄인들을 구속하시기 위하여 하늘 영광 버리시고 이땅에까지 찾아오셨던 그 사랑과 은혜를 생각하면서 믿음으로 승리하게 하옵소서. 주님을 위해서라면 아골 골짝 빈들에도 담대하게 나아가게 하시며 땅끝까지라도 주님을 따르는 믿음의 용사가 되게 하옵소서. 주님과 함께라면 사망의 음침한 골짜기라도 무서워하지 않는 담대함을 주시어 승리의 개선가를 부르게 하옵소서.
　영광을 받으실 하나님, 아버지께 영광을 돌리기 위해 주위의 유혹을 물리치고 즐거운 마음으로 교회를 향해 나오는 발걸음 위에 시온의 복을 주옵소서.
　예수님의 이름으로 기도 드립니다. 아멘

8. 세상을 더 사랑하는 신자

　인간을 지으시고 그를 통해 영광받기를 기뻐하시는 하나님!
　이 세상의 많은 인생들 가운데서 저희들을 사랑하사 하나님의 백성으로 삼아 주심을 인하여 감사와 찬송을 드립니다.
　사랑의 하나님 아버지, 주의 사랑을 받은 저희들은 마땅히 주님을 사랑하고 경배해야 할 터인데도 순간의 유익과 즐거움으로 인하여 하나님을 배반하고 세상을 더 사랑하고 있음을 자복하지 않을 수 없습니다. 용서하여 주옵소서.
　거룩하신 하나님, 저희들에게 굳건한 믿음을 더하여 주옵소서. 그래서 하나님께 돌려야 할 영광을 마땅히 돌릴 수 있게 하시며 하나님만 사랑할 수 있게 하소서. 우리의 삶의 가장 귀한 곳에 하나님을 모시게 하시고, 겸손히 하나님의 뒤를 따르는 자들이 되게 하소서. 세상을 사랑하는 자는 하나님께 합당치 않은 자임을 깨닫게 하시고 하나님을 사랑하며 살아가게 하소서.
　가장 좋은 삶을 주신 하나님, 세상의 것들을 인하여 시험에 빠지지 않게 하옵시며, 세상의 썩어질 것들의 유혹에 넘어가지 않게 하옵소서. 온전히 주님께 영광 돌리는 삶을 살게 하옵소서. 주님을 더욱더 사랑하는 주의 백성이 되게 하소서.
　이 세상에는 온통 사람의 마음을 사로잡을 것들이 많이 있습니다. 우리들이 그 어느 한 가지에 마음을 두게 될 땐 하나님이 저 뒤편으로 물러나는 줄 압니다. 모든 유혹을 이길 수 있는 강한 마음을 주옵소서. 하나님의 사람과 동역하다가 세상 길로 갔던 데마의 삶이 되지 않도록 이 성도를 꼭 붙들어 주시고, 우리가 한세상을 살아가는 여정에 있어서 무엇이 귀한 것인가를 깨닫게 하옵소서.
　세상을 이기라고 하신 예수님의 이름으로 기도 드립니다. 아멘

9. 주님을 진정 사랑하지 않는 신자

사랑이 한량없이 풍성하신 하나님 아버지!

죄인들을 위하여 베풀어 주신 그 크신 사랑과 구속의 은총을 찬양합니다. 주님은 저희를 위하여 피 흘리시기까지 사랑하여 주셨건만 하나님을 향한 우리의 사랑은 극히 작고 형식적이었던 것을 고백하지 아니할 수 없습니다.

하나님 아버지, 우리의 형식적인 사랑과 허물을 용서해 주옵소서. 주님께서 우리를 위하여 고난받으시고 죽으신 것처럼, 저희도 생명을 바쳐서 주님을 사랑하게 하옵소서. 헌신의 삶이 되게 하옵소서.

주님이 받으신 십자가의 고난을 생각하면서 그 사랑에 감격하여 감사하는 삶을 살게 하옵소서. 형식적인 사랑이 아니라 진정으로 주님을 사랑하며 주님의 뒤를 따르게 하옵소서.

사랑의 하나님 아버지, 저희가 묵묵히 주님의 뒤를 따르며 주님의 일을 하는 가운데 주의 사랑을 깨닫게 하옵소서. 아버지를 사랑해야 할 것을 알면서도 사랑하지 못하는 마음은 괴롭습니다. 그 괴로워하는 것 자체가 사랑으로 이끌리는 것임을 저희들은 알고 있습니다. 주님을 사랑함으로 마음에 평화와 기쁨이 있게 하옵소서. 우리들이 무엇을 먼저 사랑해야 하는가를 이 시간에 깨닫는 역사가 있게 하옵소서.

주님을 사랑함으로 옥합을 깨뜨린 여인처럼 우리들도 주님을 진정 사랑함으로 우리가 가진 귀한 옥합을 깨뜨릴 수 있는 믿음을 주옵소서. 마음을 다하여 주님을 사랑하게 하옵소서.

우리를 사랑하시는 예수님의 이름으로 기도 드립니다. 아멘

10. 범죄하고 낙심 중에 있는 신자

　죄로 말미암아 영원히 멸망 받을 수밖에 없는 저희들을 십자가의 보혈로 구속하여 주신 하나님!
　하나님의 사랑을 받은 저희들은 항상 주님의 영광만을 위하여 살아야 할 터인데, 때로는 연약함으로 범죄의 길에 빠져들 때가 있습니다.
　자비하신 여호와 하나님, 이 시간 순간의 잘못된 판단으로 범죄하고 낙심 중에 있는 형제와 함께 하나님 앞에 머리를 숙였습니다. 먼저 잘못을 뉘우치고 회개하는 심령을 주옵소서. 다시는 죄악의 유혹에 빠져들지 않게 하옵소서.
　죄인을 사랑하시는 하나님, 죄의 유혹 앞에 약한 것이 연약하고 무능한 인간의 못된 근성 가운데 하나임을 고백하오니 이 형제의 허물을 용서하여 주옵소서. 그리스도의 보혈의 피를 의지하며 기도하오니 회개하는 심령을 긍휼히 여겨 주소서. 사랑하는 이 성도를 불쌍히 여기시고 자비를 베풀어 주시기를 간절히 기도 드립니다.
　믿음의 주가 되시는 하나님, 다시는 죄악의 길에 서지 않게 하시며 후회와 근심의 자리에 앉지 않게 하옵소서. 이제는 온전히 주님 안에서 새로운 길을 걷게 하옵소서. 의와 진리와 생명 되시는 주님만을 바라보게 하옵소서. 주님 안에서 참다운 만족과 보람을 얻게 하옵소서. 경건과 정결함으로 승리하게 하옵소서.
　우리의 친구가 되시는 하나님, 이 성도에게 믿음 좋은 이웃들이 곁에 있게 하시고, 이 성도 또한 다른 사람들의 좋은 친구가 되어 서로 격려하며 살게 하옵소서.
　죄인을 용서하시는 예수님의 이름으로 기도 드립니다. 아멘

11. 시험에 빠져 있는 신자

광야에서 마귀의 시험을 이기신 하나님!

온갖 시련과 혼란이 가득 찬 이 세상에서 저희를 불러 하나님의 백성으로 삼으시고 이 순간까지 보호하여 주심을 인하여 감사드립니다. 하나님의 보호와 인도하심이 아니면 우리에게 오늘이 없었음을 알고 감사와 찬양을 드립니다.

시험을 이기게 하시는 하나님 아버지, 풍랑 심한 바다와도 같은 이 세상에서 풍랑을 만날 때마다 저희에게 힘 주시고 능력을 주시어서 이기게 하심을 감사 드립니다.

사랑이 많으신 하나님 아버지, 험난한 이 세상에 살다가 시험에 빠져 마음 아파하는 형제가 있습니다. 주님께서 위로하여 주옵소서. 주의 크신 사랑으로 고이 품어 주시고 주의 사랑으로 위로하여 주옵소서. 시험을 이기신 주님의 능력으로 이 형제를 품어 주소서.

하나님은 능력이 많으시며 시험을 이길 힘을 주시는 여호와 하나님이심을 믿습니다. 사랑하는 형제를 붙들어 주옵소서. 이 시험에 넘어지지 않게 하시며 주님을 의지하고 승리하게 하옵소서. 시험을 당할 때마다 승리하신 주님을 바라보게 하시며 이 시험을 인하여 더 빨리 주께 나아갈 수 있게 하옵소서.

"우리를 시험에 들게 하지 마옵시고"라고 기도함으로 시험에서 벗어나게 하옵소서. 예수님의 지혜와 성령충만으로 이 성도의 삶이 그리스도와 더불어 사는 삶이 되게 하옵소서. 승리의 찬양을 주님께 드리게 하옵소서. 이 시험을 이김으로 앞으로 찾아오는 많은 시험들을 모두 이기는 힘을 얻게 하여 주옵소서.

"시험에 들지 않게 깨어 기도하라"고 하신 예수님의 이름으로 기도 드립니다. 아멘

12. 신앙이 동요되는 신자

믿음의 주요 반석이 되시는 하나님 아버지!

연약한 인생들을 부르시고 주의 백성 삼으시며 믿음의 주가 되어 주심을 인하여 감사와 찬송을 드립니다. 악한 마귀가 하나님의 백성들을 삼키려고 대적하는 이때에 하나님의 백성들을 지키시고 믿음으로 승리하게 하심을 감사 드립니다.

능력이 많으신 하나님 아버지, 세상에는 많은 유혹들이 있어 하나님의 백성들을 넘어뜨리려고 합니다. 하나님의 백성들이 말씀대로 순종하며 살아가기가 어려운 시대입니다.

하나님이시여, 하나님의 백성들에게 담대한 믿음을 주옵소서. 요동하지 아니하는 변함없는 믿음으로 세상을 이겨내게 하옵소서. 믿음의 담력을 허락하여 주옵소서. 세상의 어떠한 도전들이 몰려와도 주님께서 동행하신다는 굳건한 믿음으로 승리하며 하나님을 기쁘시게 하는 백성들이 되게 하옵소서.

말씀으로 굳게 서기를 원하시는 하나님, 하나님의 말씀 속에 믿음의 닻을 깊이 내리고 말씀을 의지하는 바른 신앙을 갖게 하시며 하나님을 위해서라면 어떠한 환난과 시험일지라도 감당할 수 있는 담대한 믿음을 주옵소서. 주님을 의지함으로 흔들리지 않고 승리하게 하옵소서. 믿음으로 구하고 조금도 의심하지 않게 하소서.

사랑의 하나님 아버지, 우리의 지체가 믿음이 동요되고 있는 것은 우리의 잘못 때문임을 고백합니다. 좀더 관심을 갖고 격려하며 함께 살아가는 나눔의 공동체를 가꾸지 못했기 때문이오니 저희들을 용서해 주시고 이제부터라도 함께 발을 맞추어 나아가는 저희들 되게 하옵소서.

믿음의 반석이 되시는 예수님의 이름으로 기도 드립니다. 아멘

13. 이단에 미혹된 신자

길이요 진리요 생명이 되시는 하나님!
아버지 하나님의 영원하심과 인자하심으로 주의 백성들을 지키시고 선한 길로 인도하심을 생각하며 감사와 찬송을 드립니다.
말세가 가까워옴으로 이단의 무리들이 더욱 많아져가는 이때 하나님께서 우리 성도들을 바른 길로 인도하여 주시기를 원합니다. 우리 성도들이 진리 위에 바로 서서 영을 분별하는 지혜를 갖게 하옵소서. 악한 영들의 유혹을 믿음으로 담대히 대적할 뿐만 아니라 악한 무리들의 거짓 주장을 깨뜨릴 수 있는 담대함을 주옵소서.
예수 그리스도만이 우리의 참 구주이시며 오늘도 살아계셔서 우리의 삶을 이끌어 가시는 분이심을 믿게 하옵소서. 죄인들을 위하여 십자가에서 대속의 죽음을 당하신 예수 그리스도만을 바라보게 하옵소서. 구세주이신 예수님만을 붙잡고 있음으로 심판의 날에 칭찬받고 승리의 개가를 부르게 하옵소서.
깨어 근신하라고 말씀하신 하나님, 이단들로부터 교회를 지켜 주옵소서. 그들의 주장은 달콤하여 현혹되는 사람들이 많습니다. 어제나 오늘이나 영원토록 변함없으신 진리의 주님만을 믿게 하옵소서. 이단에 빠진 형제와 자매들이 깨닫고 돌아오게 하옵소서. 주의 말씀 위에 굳게 서서 주님 안에 있는 참 평안과 위로와 안식을 바라보게 하옵소서.
말씀으로 새롭게 하시는 하나님, 무엇보다 말씀을 바로 아는 지혜의 정신을 주옵소서. 말씀에 대한 이해와 예수를 아는 지식이 없기 때문에 악한 영에 눌리고 마는 저희들입니다. 말씀의 영을 충만히 내려 주시고 분별력을 갖게 하옵소서.
예수 그리스도의 이름으로 기도 드립니다. 아멘

14. 재물에 집착하는 신자

이 세상 만물을 창조하시고 그중에 인간을 창조하신 하나님!
　모든 피조물 중에서 인간을 으뜸가는 피조물로 만드시고 이 세상을 정복하고 다스리게 하심을 감사 드립니다. 또한 오늘 이 순간까지 저희들의 생명을 보존하시며 하나님께서 맡겨 주신 청지기의 사명을 감당할 수 있게 하심을 감사 드립니다.
　모든 것의 주인이신 하나님 아버지, 이 성도의 가정에 일용할 양식과 물질을 주셔서 감사합니다. 하나님께서 주셨사오니 하나님의 뜻대로 사용할 수 있는 지혜를 허락하옵소서. 물질의 유혹에 끌려가지 않게 하시며, 하나님이 주신 물질을 하나님의 영광을 위하여 잘 사용하게 해주옵소서. 잠깐 있다가 사라지는 이 세상에 사는 동안 물질로 인하여 범죄하지 않게 하옵소서.
　사람들은 많은 것을 소유하기 위해 시간과 노력을 바칩니다. 그리고 구한 바가 얻어지면 삶의 무의미를 느끼기 시작하며 참 평화를 잃게 됩니다. 하나님, 우리가 진정 얻어야 할 것과 잃어도 좋은 것이 무엇인가를 오늘 깨닫게 하옵소서.
　참 만족과 기쁨이 되시는 주님, 은이나 금보다도 그리스도로 말미암은 구속의 은총을 귀하게 여기는 성도가 되게 하옵소서. 헛된 재물을 의지하다 부끄러움을 당하지 않게 하시며, 생명력이 없는 금과 은을 의지하다가 울며 후회하지 않게 하옵소서. 재물을 쫓다가 주님을 잃고 유리방황하지 않게 하옵소서. 재물에 대한 미련을 버리고 주님을 기쁘시게 하는 주의 백성이 되게 하옵소서. 주님 안에 있는 참 만족과 기쁨을 발견하는 은총을 베풀어 주옵소서. 오직 주님만으로 기쁨을 삼게 하옵소서.
　참 만족과 기쁨 되시는 예수님의 이름으로 기도 드립니다. 아멘

15. 약속을 지키지 않는 신자

성령을 보내겠다고 약속하시고 그 약속을 지켜 성령이 임하게 하신 하나님, 범죄한 인생들을 버리지 않으시고 크신 사랑으로 감싸주신 은혜에 감사하며 찬송을 드립니다. 멸망할 수밖에 없는 저희들에게 구원의 약속을 주시고 그 약속을 이루어 주심을 감사 드립니다. 그 약속이 이루어짐으로 말미암아 복된 삶을 살게 하시고 주님 안에서 천국의 소망과 약속을 바라보며 살아가게 하시오니 감사드립니다.

거룩하신 하나님 아버지, 이 세상은 형제가 형제를 미워하며 속이는 세상이요, 거짓이 난무함으로 형제가 형제를 믿을 수 없는 세상이 되고 말았습니다. 온갖 불의와 거짓이 난무하는 어두운 세상에서 하나님의 백성들은 빛의 사명을 다하게 하옵소서. 우리의 입술로 진리를 말하고 진실을 토할 수 있게 하옵소서. 저희들로 말미암아 서로가 신뢰할 수 있는 사회가 되게 하시고 진실이 승리할 수 있는 나라가 되게 해주옵소서.

하나님께서는 추한 인생들을 정결케 하시려고 홍수로 심판하신 이후에 다시는 그러한 심판을 아니할 것이라며 무지개로 언약을 세우셨습니다. 우리 또한 예수 그리스도를 바라보며 한 번 행하기로 한 것은 선한 마음으로 이행할 수 있는 마음을 주옵소서.

약속하신 바를 성취하신 하나님 아버지, 진리이신 예수님을 바라보며 믿음으로 신실한 삶을 살게 하옵소서. 진심을 말하는 저희들 되게 하시며 진실을 말함으로 이땅에 하나님의 나라와 평화가 이루어지게 하옵소서. 저희들과 이웃 사이에 그리고 하나님과 저희들 사이에 세운 약속은 목숨보다 소중히 여기게 하옵소서.

예수님의 이름으로 기도 드립니다. 아멘

16. 우상과 미신을 완전히 버리지 못한 신자

우상을 만들지 말고 우상들에게 절하지 말며 그것들을 섬기지 말라고 하신 하나님 아버지! 죄악으로 말미암아 하나님의 진노와 형벌을 받을 수밖에 없는 저희들을 붙드시고 주의 백성 삼아 주심을 감사 드립니다. 하나님의 크신 사랑을 받은 저희들이기에 하나님 앞에 온전히 드려지는 삶이 되기를 원하오니 주께서 도와주옵소서. 하나님 한 분 외에는 그 무엇도 섬기지 않게 하시며 모든 영광과 존귀는 하나님께만 돌리는 저희들 되게 해주옵소서.

우상의 단을 쌓고 절하는 우둔한 일을 행하지 않게 하옵시며 하나님만을 온전히 섬기며 찬송하게 하옵소서. 미혹하는 영과 귀신의 가르침에서 완전히 벗어나게 하시고, 양심이 화인 맞아 하나님 앞에 거짓말하지 않도록 도우소서.

우상을 만들지 말며 섬기지 말라고 하신 여호와의 명령을 절대 순종하는 주의 백성들 되게 하옵소서. 하나님의 명령에 불순종하는 불의를 범하지 않게 하소서.

하나님의 은총을 받은 주의 백성들이 지금 곧 우상과 미신을 멀리함으로 주님 안에 있는 축복과 평안이 저희의 것이 되게 하옵소서. 생명이 없고 도움도 주지 못하는 우상을 버리고 살아계신 하나님 여호와만을 섬김으로 크신 축복을 받게 하옵소서.

또한 민속이라는 이름으로 퍼져나가고 있는 미신을 막아 주시며 역술이라는 이름으로 미신을 보호하는 일도 멈추게 하여 주옵소서.

눈에 보이는 돌부처나 나무만이 우상이 아니라 우리 마음속에 하나님보다 먼저 사랑하는 모든 것이 우상임을 깨닫게 하시고, 믿음의 우선순위를 바로잡게 하옵소서.

생명 되시는 예수님의 이름으로 기도 드립니다. 아멘

17. 장기 결석하는 신자

영광 중에 살아계신 하나님, 여호와 우리 아버지!
아버지의 선하신 뜻대로 저희들을 주의 백성 삼으시고 그리스도의 십자가 보혈로 구속하여 주심을 감사 드립니다. 하나님께서 저희들의 생명을 보존하시고 건강을 지켜 주심으로 강건한 삶을 살게 해주시니 감사 드립니다.

하나님 아버지, 주의 사랑과 보호 가운데 살아가는 이 성도가 주의 사랑과 구속의 은총을 망각하지 않게 하옵소서. 날마다 숨쉬는 순간마다 주님의 보호하심과 은총을 감사하면서 주께 경배 드리는 삶을 살길 원합니다.

저희들은 하나님 아버지를 믿으면서도 게으름과 합리적인 이유들을 내세워서 교회 출석을 게을리하는 일이 많습니다. 또한 연약함 때문에 아버지의 품을 떠날 때가 있습니다. 하나님의 크신 사랑과 구속의 은혜를 생각하면서 주를 찬양하는 삶이 되게 하옵소서. 세상의 염려나 유혹에 빠지지 않도록 굳건한 믿음을 주옵소서.

용서의 은총이 풍성하신 하나님 아버지, 이 성도의 발목을 잡으셔서 하나님께 날마다 가까이 나아가는 주의 백성 되게 하옵소서. 주를 멀리하면 연약해지는 것이 인생인 것을 깨닫고 하나님을 가까이하는 믿음의 사람이 되게 하옵소서. 하나님 안에서만 안식과 평화가 있는 줄 압니다.

하나님을 떠나서는 살 수 없는 저희들이오니 아버지께서 능력의 팔로 붙들어 주옵소서. 모이기를 폐하는 어떤 무리들의 유혹에 빠지지 않게 하시며, 주님 안에서 참 평안과 쉼을 얻게 하옵소서.

생명의 근원 되시는 예수님의 이름으로 기도 드립니다. 아멘

18. 말이 많은 신자

말씀으로 세상을 창조하신 하나님 아버지!
하나님께서 저희 인생들에게도 말할 수 있는 입술을 주셨사오니, 그 입술로 여호와 하나님의 거룩하심과 전능하심을 찬양하게 하옵소서. 입술을 통해서 하나님께 영광 돌리게 하옵소서.

우리에게 주신 모든 지체를 바로 사용하길 원하시는 하나님 아버지, 주님께서는 말에 실수가 없는 사람이면 온전한 사람이라고 하셨습니다. 큰 배도 지극히 작은 키로 움직이듯 우리의 혀가 온몸을 더럽히기도 하고 깨끗하게도 합니다. 혀는 불과 같다고도 했는데, 그 행하는 모든 것에 선함이 깃들게 하소서. 말하기를 좋아해서 남의 마음을 알아볼 여유도 없이 많은 말을 하기에 오히려 상처를 입힐 때도 있습니다. 모든 일에 조심하게 하시고, 말을 하되 남을 기쁘게 하고, 적당한 유머 감각도 주시되 경망되지 않은 말이 되게 하옵소서.

우리에게 새로운 삶을 주신 하나님 아버지, 우리로 그리스도 안에서 거듭나게 하시고 새사람 되게 하셨사오니, 이제는 자신의 허물을 먼저 보게 하옵소서. 형제의 허물을 덮어 주고 이해하며 사랑하게 하옵소서. 형제를 비판하는 말을 하기 전에 자신을 돌아보게 하시며 피차에 사랑으로 권면하며 격려하는 주의 백성이 되게 하옵소서.

'하나님이시라면 이 경우에 어떻게 말씀하셨을까?' 생각하며 말하게 하옵소서. 우리의 입에서 나오는 말마다 사랑의 언어, 소망의 언어, 믿음의 언어가 되어 듣는 이에게 감동이 되며 그도 하나님 편에 서게 하여 우리 주께 영광 돌리게 하옵소서.

예수님의 이름으로 기도 드립니다. 아멘

19. 술, 담배를 끊지 못하는 신자

저희들이 경건과 절제의 삶을 살기 원하는 하나님 아버지!

세상의 많은 사람들 가운데 저희들을 택하셔서 하나님의 자녀가 되게 하심을 감사 드리며 찬양을 올립니다. 멸망을 받아 마땅한 저희들이온데 거룩하게 구별하여 천국백성 삼아 주셨사오니 주의 백성답게 성별 된 삶을 살도록 도와주옵소서.

능력이 많으신 하나님, 믿는 이들에게 강건한 믿음을 주옵소서. 믿음으로 세상의 유혹들을 이겨내게 하시며 하나님께 영광 돌리는 삶을 살게 하옵소서. 이제는 마귀의 자식이 아니요 하나님의 자녀 이오니 하나님의 자녀다운 삶, 거룩한 삶, 천국시민다운 삶을 살게 하옵소서. 저희들의 몸은 주의 영이 거하는 성전이라는 사실을 잊지 않게 하시고 먹든지 마시든지 주의 영광을 위해 하게 하옵소서.

담배의 해독에 대한 인식이 날로 퍼져나가게 하시고 금연운동이 확산되게 하심을 감사 드립니다. 주의 자녀된 저희들이 이 일에 앞장서게 하옵소서. 이 나라가 술 소비량이 아주 많은 나라 가운데 하나로 꼽히는 불명예에서 벗어나는 일에도 저희들이 앞장서게 하옵소서. 저희들이 하나님과 세상을 겸하여 섬기지 않게 하시며, 하나님이 기뻐하시는 온전한 삶을 살게 하옵소서. 순간의 쾌락과 만족을 위하여 멸망의 길로 달려가지 않게 하시며, 영원을 바라보며 과감히 끊어야 할 것은 끊게 하옵소서. 주님 앞에 부끄러울 것이 없는 성도가 되어 하나님이 기뻐하시는 삶을 살게 하옵소서.

또한 죄의식 때문에 주님을 멀리하지 않도록 도우시며 주님의 사랑과 은총에 날마다 감격하는 심령이 되게 하옵소서. 주님 주시는 은혜를 온전히 바라고 정결한 삶을 살게 하옵소서.

거룩하신 예수님의 이름으로 기도 드립니다. 아멘

20. 원수 맺고 사는 신자

　죄인들을 구원하시려고 독생자까지 아낌없이 보내주신 아버지 하나님! 하나님의 크신 사랑과 은혜로 말미암아 이땅에 살면서 천국 소망을 갖게 하시니 감사합니다. 진노의 자녀에서 하나님의 자녀가 되게 하시며, 단절된 하나님과의 관계를 회복시켜 주시오니 진심으로 감사합니다.

　사랑이 많으신 하나님, 하나님께서 죄인들을 사랑하심은 형제간에 서로 사랑하게 하려 하심이라는 주님의 말씀을 기억합니다. 받은 바 주의 사랑으로 형제를 사랑하게 하소서. 예물을 제단에 드리기 전에 먼저 형제와 화목하게 하소서. 주의 사랑으로 하나되어 함께 주의 전에 서게 하소서. 주의 사랑으로 분노를 넘어서며 미움을 건너뛰게 하소서. 우리가 하나님과 원수되었을 때에 몸을 버려 우리를 위해 십자가에서 죽으신 주님의 사랑을 생각하게 하옵소서.

　서로 사랑하기를 원하시는 하나님 아버지, 원수까지도 사랑하라고 말씀하신 주님을 기억합니다. 예수님의 사랑을 배우게 하옵소서. 형제가 주리거든 먹이고 목마르거든 마시우게 하는 사랑을 배우게 하옵소서. 모든 분노와 미움은 주께 맡길 줄 아는 믿음을 주옵소서. 원수를 사랑함으로 주님의 참 제자가 되게 하옵소서. 주의 사랑으로 승리하게 하옵소서.

　자비로우신 우리들의 하나님, 우리가 속상하거나 이해 못할 이야기를 들을 때에도 성내는 것을 더디하게 도와주소서. 사람의 성내는 것이 하나님의 의를 이루지 못한다고 하였으니, 더러운 원수 맺는 악을 내버리고, 영혼을 구원할 바 마음에 심긴 도를 온유함으로 받게 하옵소서.

　사랑의 완성자이신 예수님의 이름으로 기도 드립니다. 아멘

21. 교회에 불평 불만이 있는 신자

　모든 교회의 설립자이신 여호와 하나님!
　이 시간에도 살아계셔서 피 흘려 세우신 교회를 지키시고 인도하시는 은혜를 감사 드립니다. 죄로 말미암아 멸망 받을 수밖에 없는 저희들을 십자가의 보혈로 구속하여 주시고, 주님과 한 지체가 되게 하심을 진심으로 감사합니다.
　하나님, 구속함 받은 저희들이 주님의 피로 값 주고 세우신 교회를 향하여 불평하지 않게 하옵소서. 하나님의 교회를 향하여 불만을 갖게 하는 마귀의 유혹에 넘어가지 않게 하옵소서. 오히려 주의 사랑과 은혜를 생각하면서 감사가 넘치는 주의 백성이 되게 하옵소서. 굳건한 믿음으로 주의 말씀 위에 서게 하시며 믿음으로 하나님을 기쁘시게 하는 성도가 되게 하옵소서.
　화평과 질서의 하나님 아버지, 마귀는 어떻게 하든지 주께서 피로 값 주고 사신 교회를 혼란케 하고, 넘어지게 하려는 이때에 마귀의 종이 되지 아니하도록 붙들어 주옵소서. 교회를 향한 불평 불만은 주님을 향한 도전임을 알게 하옵소서. 내 자신의 눈에 있는 들보를 먼저 보게 하옵소서. 주 안에서 하나 되게 하신 것을 믿음으로 잘 지키게 하소서. 화평과 희락의 마음을 주셔서 주의 영광을 바라보게 하옵소서. 교회에 대해 불평하고 싶은 마음이 있을 때 교회를 위해 더 열심히 기도하게 하옵소서.
　거룩한 하나님의 성전에서 하나님의 일들을 선스럽게 행해야 할 성도들이 바르게 하지 못하고 타인의 마음을 아프게 한 일들이 많음을 용서하시고, 하나님의 넉넉하신 은총을 내리어 주옵소서. 그 마음에 평화를 갖게 하옵소서.
　교회의 머리가 되시는 예수님의 이름으로 기도 드립니다. 아멘

22. 교우간에 불화가 있는 신자

화평하게 하는 자는 복이 있다고 하신 하나님 아버지!

하나님은 우리를 화평케 하여 둘로 하나를 만드시고, 중간에 막힌 담을 자신의 육체로 허신 분이며, 한 새사람을 지어 화평하게 하시는 분임을 생각하며 감사를 드립니다.

세상에는 많은 사랑이 있지만, 하나님께서 저희들에게 베풀어 주신 고귀한 사랑을 마음속 깊이 간직하고 저희들도 이 사랑을 배우고 이웃의 형제들에게 베풀게 하옵소서.

목숨까지 버리면서 우리를 사랑하신 주님, 우리들도 형제를 내 몸과 같이 사랑하게 하옵소서. 서로 사랑하라고 하시는 주님의 크신 계명을 믿음으로 순종하게 하옵소서. 형제를 사랑하는 마음이 더욱 넘쳐나게 하시며, 주께서 베푸신 사랑을 본받아 우리도 형제를 진심으로 사랑하게 하옵소서.

원수가 넘어질지라도 즐거워하지 아니하며 위로하게 하옵소서. 우리를 핍박하는 자까지도 사랑으로 갚게 하시며, 원수를 위하여 기도하게 하옵소서. 모든 것 위에 사랑을 더하게 하시고, 사랑의 띠로 형제가 하나 되게 하옵소서. 형제가 서로 사랑하는 그 사랑 안에 주님이 거하시며 형제 된 우리는 늘 주 안에 거하여 주님의 참 제자가 되게 하옵소서. 주님께서 베푸신 사랑을 본받아 우리들도 사랑으로 승리하게 하옵소서.

사랑하는 이 성도의 마음속에 진리를 아는 힘을 더하시고 감사함으로 말씀과 기도로 불화하고 있는 이웃과 화목하게 하옵소서. 하나님나라는 의와 평강과 희락이라고 하셨습니다. 그 말씀 따라 서로 화목하게 지내는 교우들이 되게 하옵소서.

평안을 주시는 예수님의 이름으로 기도 드립니다. 아멘

23. 불효하는 신자

　네 부모를 공경하라고 하신 여호와 하나님!
　이땅에 부모님을 통하여 생명을 허락하시고 이 시간까지 보호하여 주심을 감사 드립니다. 이 성도가 살아생전에 부모님을 주 안에서 잘 섬기게 하시며 경외함으로 약속 있는 첫 계명에 순종케 하옵소서. 자식이 부모를 순종하고 공경해야 하는 것은 마땅히 자식된 도리임을 마음속 깊이 새기게 하옵소서.
　하나님 아버지, 이 성도가 생명 있는 동안에 부모님을 잘 공경함으로 장수의 복을 누리게 하옵소서. 어떤 처지에서라도 부모님을 잘 돌보는 자녀가 되게 하시며 부모님의 유익을 구하며 잘 봉양하는 자녀가 되게 하옵소서. 부모님을 귀하게 여기며 부모님의 말씀을 잘 청종하게 하시고, 부모님에게 불순종하고 거역함으로 저주를 받지 않게 하옵소서. 부모님께 거짓말을 하며 업신여기는 일이 없게 하소서. 또한 부모님도 자녀를 잘 이해할 수 있도록 마음을 열어 주옵소서. 이 성도가 그 자녀들 앞에서 부모님을 잘 섬기고 효도하는 본을 보일 때 그 자녀들도 그 부모를 그렇게 봉양할 것입니다. 어렵고 힘든 중에 노인을 공경함이 바로 자신을 위한 일임을 알게 하옵소서. 부모님을 주 안에서 순종함으로써 복받는 주의 백성이 되게 하옵소서.
　오늘의 이 성도가 있게 된 것이 부모님의 수고와 사랑이거늘 서로를 위해 기도하게 하심으로 진리를 알게 하시고, 이 가정의 선함이 하나님 앞에서 인정받아 구원받는 은총을 내리옵소서. 모든 불편한 관계가 청산되어지고 이웃에게 사랑을 나누어 주는 가족이 되게 하옵소서.
　죄인을 사랑하시는 예수님의 이름으로 기도 드립니다. 아멘

24. 불신 주인 밑에서 근무하는 신자

지혜와 용기의 근원이신 하나님 아버지!
이 성도에게 생명을 주시고 일용할 양식을 주시며 좋은 직장을 주심을 감사 드립니다. 일할 수 있는 직장을 주셨으니, 주어진 사명을 충성스러운 청지기처럼 잘 감당하게 하옵소서.
진실하시고 의로우신 하나님 아버지, 이 성도가 눈가림으로 일하지 않게 하시며 속이지 않게 하옵소서. 정성을 다하여 일하게 하시고 성실을 식물로 삼으며 정직한 행동과 욕심 없는 마음으로 봉사를 하게 하옵소서. 진실과 기쁨으로 주인을 섬기고 마음과 행동이 일치를 이루게 하옵소서.
이 성도의 주인이 아직 하나님을 알지 못하고 예수 그리스도의 대속의 은총을 모르고 있사오니 그를 불쌍히 여기시어 주님께서 부르시는 소리를 듣게 하옵소서. 그가 이 성도의 성실한 자세에 감명을 받아 신앙에 대해 관심을 갖게 하옵소서. 이 성도가 주일을 잘 지킬 수 있도록 편의를 제공하게 하시고 교회에 출석하고 봉사하는 일에 대해 이해를 갖게 하옵소서.
주께서 이 성도에게 믿음과 소망을 더하사 두려움 없이 담대히 행할 바를 행하고 말할 것을 말하게 하옵소서. 주께 영광 돌리는 삶을 살게 하옵소서. 사랑으로 봉사할 수 있게 하시며 빛으로서의 사명을 감당케 하옵소서. 양심의 빛을 발하게 하옵소서. 주인을 위하여 더욱 열심히 기도하게 하옵소서. "사환들아 범사에 두려워함으로 주인들에게 순종하되 선하고 관용하는 자들에게만 아니라 또한 까다로운 자들에게도 그리하라"(벧전 2:18)는 말씀을 기억하며 순종함으로 승리하는 주의 사람이 되게 하옵소서.
진리가 되시는 예수 그리스도의 이름으로 기도 드립니다. 아멘

25. 인가귀도 되지 못한 가정

죄인들을 구속하시려고 독생자를 보내주신 사랑의 하나님!

하나님의 크신 뜻이 계시어서 이 성도를 주님 앞으로 불러주시고 주의 자녀 삼아 주심을 감사 드립니다. 이 성도가 하나님의 크신 뜻을 이루어 드리는 주의 백성이 되게 하옵소서.

사랑의 하나님 아버지, 가족의 구원을 위해 안타까운 마음으로 기도하는 이 성도를 긍휼히 여기시어 이 성도의 가족이 속히 하나님께 나아올 수 있도록 도와주옵소서.

누룩이 가루 서 말을 부풀게 하며 작은 겨자씨가 자란 후에 나무가 되어 공중의 새들을 깃들게 한 것처럼 한 성도로 말미암아 온 가족이 복음을 듣게 하시며 온 가정이 복음화될 수 있도록 축복하여 주옵소서. 하나님나라가 가정에서부터 이루어지게 하옵소서.

바울을 통해 "주 예수를 믿으라 그리하면 너와 네 집이 구원을 얻으리라" 하신 주님, 주 예수를 믿는 이 성도를 통해 그의 집을 구원해 주옵소서. 빌립보 성의 간수와 그의 온 집안이 하나님을 믿게 하신 주님, 이 성도의 가족이 그리스도를 영접하지 않아 심판의 날에 멸망받지 않도록 도와주옵소서.

이 성도의 삶에서 그리스도의 향기가 나게 하옵소서. 정결한 삶과 신실한 언행으로 가족들에게 감동을 주어 그들의 마음문이 열리게 하옵소서. 온 가족이 하나님을 섬기어 가정천국이 이루어지게 하옵소서. 이 성도의 가정이 그리스도를 머리로 삼는 가정이 되게 하옵소서. 저희 교회에 인가귀도 되지 못한 모든 가정들이 예수 그리스도를 속히 영접할 수 있도록 허락하여 주소서. 또한 저희가 이 일을 위해 더욱 열심히 기도하게 하옵소서.

우리를 구원하여 주신 예수님의 이름으로 기도 드립니다. 아멘

26. 입대하는 신자와 그 가정

이 나라를 보호하시며 인도하시는 하나님 아버지!

저희들을 그리스도의 십자가 보혈로 구원하여 주시고 이 순간까지 인도하여 주심을 감사 드립니다.

주여, 사랑하는 이 형제가 국가의 부름을 받고 병역의 의무를 감당하기 위해 입대하게 되었습니다. 지금까지도 지켜 주신 하나님께서 사랑하는 아들과 동행하여 주옵소서. 병역의무의 신성함을 잘 깨닫게 하시고 병역의무를 감당할 수 있는 건강 주신 것을 감사하게 하옵소서.

훈련받을 때 함께하시어 잘 이기게 하옵소서. 또한 어느 곳에 배치를 받든지 그곳에서도 그리스도의 향기를 날리게 하시며, 하나님의 자녀로서의 아름다운 삶을 살게 해주옵소서. 자기의 일을 다하고 남의 일까지 도울 수 있게 하옵소서. 좋은 상관과 좋은 전우들을 만나게 하옵소서. 군복무를 하는 동안 이 아들의 신앙을 지도할 군목님에게 함께하셔서 군대생활을 하는 동안 믿음이 더욱 자라게 하옵소서. 또한 믿지 않는 전우들에게 복음 전하는 일을 감당하게 하옵소서. 하나님 아버지, 사랑하는 아들이 정해진 군복무를 마치고 돌아오는 그날까지 하나님께서 보호하셔서 머리털 하나도 상하지 않으며 건강하고 자랑스러운 모습으로 돌아오게 해주옵소서.

사랑하는 아들을 보내면서 염려하는 가족들을 기억하여 주옵소서. 몸은 떨어져 있어도 마음은 하나되게 하시며 항상 기도로 교제하게 하옵소서. 주의 백성들은 하나님의 부르심을 받은 십자가의 군사인 것을 기억하면서 십자가 군기를 바라보며 순종함으로써 전진하여 승리하는 삶이 되게 하옵소서.

우리의 대장이 되시는 예수님의 이름으로 기도 드립니다. 아멘

27. 수태하지 못하여 고민하는 가정

인간의 생명과 호흡을 주장하시는 여호와 하나님!

이 시간에 하나님께서 생명의 근원이 되심을 감사하면서 드리는 기도를 들어주옵소서.

이 가정은 하나님의 택함을 받은 가정이온데 후사가 없어 염려하며 기도하는 중에 있는 것을 주님께서 아십니다. 인간의 힘으로는 어찌할 수 없는 한계점에 서서 주님을 향해 구원의 손길을 펴오니, 사라의 태를 여신 하나님의 능력이 임하여서 기쁜 소식이 들리게 하옵소서.

저희들의 간구를 들으시는 하나님, 이 시간 믿음의 여인 한나를 기억합니다. 한나가 자신의 고통을 하나님께 가지고 나아갔던 것처럼 주께 간절히 기도하오니 주께서 이 부부를 불쌍히 여겨 주옵소서. 믿음의 사람 한나처럼 주님을 굳게 믿고 의지하며 때를 기다리는 지혜를 허락해 주옵소서.

때를 따라 좋은 것으로 공급하며 도우시는 하나님 아버지, 이 가정에 가장 필요한 것이 무엇인지를 주께서 아십니다. 이 가정을 향하신 주의 뜻이 무엇인지 깨달아 알게 하시고 주께 전폭적으로 의지하는 믿음을 허락해 주옵소서.

인간의 생명문제가 주께 있사오니 자손이 있고 없음도 주님의 뜻 가운데에 있습니다. 유한하고 좁은 생각으로 하나님의 크신 계획을 만분의 일도 헤아리지 못하는 저희들이오니 수태가 늦어지는 일로 신앙의 시험에 들지 않도록 도와주옵소서.

주여, 이 부부의 팔에 자녀가 안기게 해주옵소서. 그 자녀를 통해 기쁨이 넘치게 하시고 믿음의 역사가 이어지게 하옵소서.

죄인들을 사랑하시는 예수님의 이름으로 기도 드립니다. 아멘

28. 무사안일에 빠진 신자

사람이 무엇을 심든지 그대로 거두리라고 하신 하나님!
저희들의 생명을 보호하시고 선한 길로 이끌어 주심을 감사 드립니다. 이 성도가 주를 만나게 하시고 주의 자녀로 삼아 주셨사오니, 하나님이 기뻐하시는 아름다운 삶을 살도록 도와주옵소서.
거룩하신 하나님 아버지, 이 성도가 이 세상에서 부지런한 삶을 살게 하옵소서. 무엇을 해야 할 때인가를 분별하게 하시고 때를 놓침으로 후회하지 않게 하옵소서. 지금은 자다가 깰 때요 추수할 때라고 말씀하신 주님을 기억합니다. 부지런함으로 우리에게 맡겨진 사명을 잘 감당케 하옵소서. 무사안일을 일삼지 않게 하시며 부지런함으로 하나님과 사람들 앞에서 인정받는 삶을 살게 하옵소서.
개미를 보고 배우라고 하시는 하나님 아버지, 하나님을 아는 일에 부지런하게 하시며 주님을 섬기는 일에도 부지런하여 모든 삶에서 활력을 찾게 하옵소서. 부지런함으로 마음의 풍족함을 얻고 소망의 풍성함을 이루게 하옵소서. 일시적인 즐거움과 평안함이 불행을 부르고 있는 것을 깨닫고 인생의 밤이 오기 전에 열심으로 주어진 삶을 살게 하옵소서. 형제들과 함께 즐거워하고 함께 고난에 참여하는 신실함을 허락해 주옵소서.
깨어 있으라고 하시는 하나님 아버지, 자신만을 위하여 살지 않고 하나님과 이웃을 위하여 살게 하옵소서. 주의 영광을 바라보게 하옵소서. 안일함이나 나태함은 죄임을 알게 하시고, 종말을 향해 가는 이 세월을 아껴서 주의 일을 하게 하옵소서.
이 세상에 계실 때 쉬지 않고 일하시며 아버지께서 일하시니 나도 일한다고 하신 예수님의 이름으로 기도 드립니다. 아멘

29. 출국(임시)하는 가정

주의 자녀들을 부르시고 복 주시며 인도하시는 하나님!
사랑하는 이 가정이 해외로 떠나게 되어 하나님 앞에 함께 기도하며 앞길을 주님께 의지하게 하시니 감사 드립니다.
이 가정이 가는 길을 인도하시며 돌아오는 시간까지 전능하신 주님께서 동행하여 주옵소서. 외로울 때 위로자가 되어 주시며, 두려울 때 새로운 힘과 용기를 북돋아 주옵소서. 이 가정이 외국에서도 임마누엘 하나님을 굳게 의지하고 승리하는 삶을 살게 하옵소서.
주의 백성들을 지키시는 하나님, 하나님이 지켜 주시면 세상에 두려울 것이 없습니다. 여호와의 능력으로 이 가정을 감싸시며 지팡이와 막대기로 안보하여 주옵소서. 그 인자하심과 진실하심이 영원할 것을 믿습니다.
선한 목자가 되시는 하나님, 이 가정이 머무는 곳이 푸른 초장이 되게 하시고 쉴만한 물가가 되게 하여 주옵소서. 시원한 생수로 목마르지 아니하는 삶이 되게 하옵소서. 성도가 물 가운데로 지날 때에 함께하시고 강을 건널 때 물이 침몰하지 못하게 할 것이며 불 가운데로 지날 때에 타지도 아니할 것이요 불꽃이 사르지 못할 것이라고 하신 하나님의 말씀을 믿습니다.
다시 만날 날을 예비하신 하나님, 목적한 것을 다 이루게 하시며 기쁨으로 귀국하게 하옵소서. 주님께 영광과 찬송을 돌려드리는 귀국이 되게 하옵소서. 출국하는 식구들의 건강을 지켜 주시고, 외국에 나가서도 경건하게 지내게 하시며 예배를 잊지 않도록 성령님께서 일깨워 주옵소서. 남아있는 일가친척에게도 평안을 주시며, 서로를 위해 기도하며 다시 만날 날을 기다리게 하옵소서.
임마누엘 되시는 예수님의 이름으로 기도 드립니다. 아멘

30. 이민 가는 가정

　살아계셔서 항상 주의 백성들과 함께하시는 하나님 아버지!
　초막이나 궁궐이나 내 주님 모신 곳이 그 어디나 하늘나라임을 믿고 감사 드립니다.
　이민 길에 오르는 이 가정을 지키시고 동행하여 주옵소서. 아브라함이 하나님의 말씀에 순종하여 본토 친척 아비 집을 떠났을 때 하나님께서 함께하시며 축복의 약속을 이루신 것을 기억하오니 아브라함의 하나님께서 이 가정을 이끌어 주옵소서. 이 가정이 굳건한 믿음으로 아브라함이 받은 축복을 받게 하옵소서.
　이스라엘 백성들을 광야에서 40년 동안 구름기둥과 불기둥으로 보호하시며 인도하셨던 주님, 이들을 보호하여 주옵소서. 만나와 메추라기를 배불리 먹여 주셨던 것처럼 육신의 양식이 마르지 않게 하시며, 영의 양식도 충만하게 하옵소서. 또한 이 가정에 믿음 위에 믿음을 주시어서 승리하게 하옵소서. 외국에서 어떤 일을 만날지라도 주님만을 바라보게 하옵소서. 하늘의 소망을 가지고 승리하는 생활을 하도록 인도하옵소서. 여호와께서 이들을 눈동자와 같이 지켜 주옵소서.
　세계화의 시대이기는 하지만 낯선 나라에 삶의 뿌리를 새로 내려야 하는 일은 어렵고 힘든 것입니다. 하오나 믿음의 가정답게 두려워하지 않게 하옵소서. 가는 그곳이 벧엘이 되게 하옵소서. 이 가정이 이제 미지의 나라를 향해 내딛는 발걸음을 축복하소서. 고국이 그리워서 눈물이 날 때 위로하소서. 믿음으로 낯선 환경과 어려운 일들을 이겨내게 하소서. 좋은 사람들을 만나게 하시며 신앙의 이웃들을 주옵소서. 초기의 정착과 자녀들의 교육을 도우소서.
　임마누엘 되시는 예수님의 이름으로 기도 드립니다. 아멘

31. 해외에 취업 나간 가족이 있는 가정

저희와 항상 동행하시는 여호와 하나님!

나그네 인생과도 같은 저희들을 사랑하심으로 본향인 천국과 거할 처소를 예비하여 주시는 하나님의 사랑을 감사하며 이 기도를 드립니다.

야곱이 정든 고향을 떠나 먼 나라로 갔던 것처럼, 이 성도의 가족 중에 해외에 취업 나간 가족이 있습니다. 주의 자녀들이 어느 곳에 있든지 사랑으로 지키시는 주님, 해외에서 일하고 있는 가족을 지켜 주실 줄로 믿습니다.

주의 자녀들이 담대하기를 원하시는 주님, 해외에서 일하고 있는 성도가 외국생활의 외로움과 두려움을 믿음으로 이기게 하옵소서. 야곱이 벧엘에서 새 힘과 용기와 믿음을 얻은 것처럼 새로운 각오와 믿음을 주옵소서. 그곳에서도 믿음으로 승리하는 그리스도인의 삶을 살게 하옵소서. 하나님께서 어느 곳을 가든지 지키시며 보호하여 주시어서 승리하게 하심을 믿게 하옵소서.

고향과 가정을 그리워하며 일하고 있는 형제가 할 일을 다 마치고 기쁨으로 단을 거두어 돌아오게 하옵소서. 건강과 안전을 지키시며 항상 평안과 기쁨으로 일하게 하옵소서.

외국에서 일하고 있는 그 형제를 생각하며 이 나라에 와서 일하고 있는 외국인 근로자들의 처지에 대해 더 깊은 이해를 갖게 하시고 사랑으로 그들을 대하게 하옵소서.

이곳에 있는 가족들도 맡겨진 직분을 잘 감당하며 늘 주님과 사귀며 기도로 교통하게 하옵소서. 기쁨으로 만나는 날을 소망 가운데 기다리게 하옵소서.

방패가 되시는 예수님의 이름으로 기도 드립니다. 아멘

32. 노부모를 모신 가정

　십자가에서 운명하기 직전 사랑하는 제자에게 어머니를 부탁하신 예수님을 생각해 봅니다. 사랑하는 이 가정에 육신의 부모님이 함께 거하게 하시어서 잘 모실 수 있는 기회 주신 것을 감사 드립니다. 영의 아버지인 하나님을 경외하면서 육신의 부모도 잘 섬기고 있는 이 성도의 가정을 은총으로 붙들어 주시며, 믿음 위에 믿음을 더하시고 복 위에 복을 더하옵소서.
　이 가정이 늙으신 부모님을 사랑과 봉사로 봉양하며, 주님의 말씀 따라서 부모님의 말씀에 순종하는 자녀가 되게 하심을 감사 드립니다. 그 자손들도 본을 받아, 이 성도가 나이 많아졌을 때에 같은 복을 주실 줄 믿습니다. 이 가정이 부모님을 위해 힘쓰고 사랑하고 잘 봉양하려 할 때 원하지 아니하는 불미스러운 일이나 물질의 어려움을 겪지 않도록 이끌어 주옵소서.
　특별히 우리들의 노부모님들은 어려운 시대를 살아온 세대이오니 자녀들의 정성어린 봉양을 통해 안식과 기쁨을 누리게 하옵소서. 또한 연세 많은 분들을 잘 공경하는 우리의 미풍양속이 흔들림 없이 잘 퍼져나가게 하옵소서.
　룻이 어려운 중에서도 시어머니를 잘 공경한 것같이, 이 가정도 어려움이 있더라도 부모님을 잘 돌보아드리게 하옵소서. 부모님의 말씀을 잘 청종하여 땅에서 잘 되는 복을 누리며 장수하는 복까지 받아 누리게 하옵소서. 노부모님에게 믿음을 충만하게 부어 주시고 후손들과 나라와 민족을 위해 기도하게 하옵소서. 노년의 생활이 외롭지 않도록 도우시며 건강을 지켜 주옵소서. 하나님의 사랑에 감격하며 천국을 소망하는 신앙생활을 하게 하옵소서.
　사랑이 많으신 예수님의 이름으로 기도 드립니다. 아멘

33. 인색한 가정

　무한하신 사랑을 아낌없이 베풀어 주시는 하나님!
　주님의 무한한 사랑에 보답하지 못하고 살아가는 저희들을 붙드시고 이웃에게 아낌없이 베풀 수 있는 믿음을 주옵소서. 주님의 사랑을 실천하는 행함이 있는 믿음의 사람들이 되게 해주옵소서.
　저희가 가진 의식주와 건강과 자녀와 모든 물질, 그리고 저희의 재능과 지혜까지도 주님께서 주신 선물임을 알고 잘 활용하는 지혜를 주옵소서. 감사함이 넘치는 이 가정이 되게 하시고 남을 위해 아낌없이 주는 가정이 되게 하옵소서.
　이스라엘의 갈릴리 호수는 아낌없이 내어줌으로 많은 물고기들이 뛰노는 생명의 호수가 되었고 받기만 하고 내줄 줄 모르는 사해는 아무 것도 살지 못하는 죽음의 바다가 된 것을 보며 깨닫게 하여 주옵소서.
　저희의 가진 바 모든 것이 주님께로부터 온 것임을 깨닫게 하시며, 주님께서 베푸신 사랑을 생각하면서 저희의 가진 것을 이웃과 나누는 삶을 살게 하옵소서. 섬기며 나누는 삶을 통하여 그리스도의 사랑을 드높이게 하옵소서. 주의 크신 사랑을 항상 감사하면서 그 사랑을 주님과 이웃을 향하여 되돌리게 하옵소서.
　저희를 위하여 피 한 방울, 물 한 방울까지 아끼지 않고 내어주신 구원의 주님, 저희들 모두는 인색하게 살다 음부에 간 부자의 삶이 되기를 원하지 않습니다. 지옥에 가서 천국을 바라보며 목말리 부르짖으며 후회하는 생활이 되지 않게 하옵소서. 나눔의 삶을 살다 하나님나라에 가서 아버지 앞에 서게 하옵소서.
　자비하신 예수님의 이름으로 기도 드립니다. 아멘

34. 맞벌이 부부의 가정

한 남자와 한 여자를 창조하시어 가정의 기초를 삼으신 창조주 하나님 아버지! 이 내외가 가정을 이루어 복된 삶을 살게 하심을 감사 드립니다. 아내는 남편의 뼈 중의 뼈요 살 중의 살이라고 하셨는데, 이 내외는 함께 수고하고 함께 기쁨을 나누는 인생의 동반자인 것을 믿습니다. 아내는 남편보다 연약한 그릇이므로 남편의 보호를 받게 하시며, 또한 남편에게 순종의 미덕을 보이게 하옵소서. 남편을 경외함으로 협력하고 순종하며 사랑하여 하나님의 뜻을 이루어 나아가게 하옵소서. 남자의 조력자로 아내를 만드신 하나님의 뜻을 알게 하옵소서.

남편은 아내를 더욱 사랑하되 그리스도께서 교회를 위하여 자신을 주심같이 하라는 말씀처럼 진심으로 사랑하게 하옵소서.

또한 이 내외에게 사회에서 일할 수 있는 건강과 재능과 기회 주심을 감사 드립니다. 맞벌이 부부로서 살면서 서로 더욱 돕고 협력하여 사랑이 넘치는 가정이 되게 하옵소서. 갈등이 생기지 않게 하시며 사랑으로 이해하고, 모든 허물을 사랑으로 덮게 하옵소서.

서로를 긍휼히 여기며 사랑함으로 자녀들에게 존경받는 부모가 되어 아름다운 가정을 이루게 하옵소서. 협력하여 수고하는 부부의 수고가 결코 헛되지 않게 하옵소서.

일할 수 있는 은총을 베푸신 하나님, 내외가 모두 섬기는 직장에서도 인정받게 하시고, 하나님의 지혜와 총명으로 맡겨진 직무도 성실히 잘 감당케 하옵소서. 하루 일과가 끝난 저녁 시간에 부부가 한자리에 앉을 때는 서로에게 기쁨이 되고 위로가 되게 하옵소서. 사랑이 많으신 예수님의 이름으로 기도 드립니다. 아멘

35. 낙심했다가 재결심한 신자

인생의 참 구원자가 되시는 하나님 아버지!

그리스도의 십자가의 공로로 저희를 구속해 주신 은혜를 감사 드립니다. 이 성도가 낙심하여 헤매다가 주님의 사랑을 깨닫고 다시 주님 앞에 돌아와서 주의 자녀로 살겠다고 결심하게 하심을 감사 드립니다.

집 나갔던 아들이 돌아올 때에 아직도 거리가 먼 데 달려가 목을 안고 입을 맞추며 잔치를 베푼 아버지와 같이, 하나님께서는 이 성도가 돌아온 것도 그와 같이 기뻐하실 줄로 믿습니다.

이 성도의 심령을 붙드시어 새힘을 주시며 독수리가 날개 치며 올라감 같은 새로운 믿음의 능력을 허락하여 주옵소서. 이전보다 더 강건하며 이전보다 더 열심히 주님을 찬양하며 주님의 성전을 이전보다 더욱 사랑하게 하옵소서. 사랑과 기도의 생활에 더욱 열심을 내게 하옵소서. 옛사람을 벗어 버리고 새사람을 입게 하옵소서. 다시 낙심하지 않게 하시고 날로 진보하는 성숙한 믿음의 소유자가 되게 하옵소서.

세상의 욕심나는 모든 것들을 분토와 같이 여겼던 사도 바울의 귀한 믿음을 본받게 하시며, 주님을 알고 주님과 함께 새로운 출발을 하게 하옵소서. 이제는 오직 주만을 바라보고 인내함으로 승리하게 하옵소서.

새롭게 하시는 주님, 이 성도를 지치게 하고 낙심하게 했던 모든 것들이 완전히 물러가게 하옵소서. 또한 유혹이 오더라도 물리칠 수 있는 담대한 믿음을 주옵소서. 폭풍 뒤에 잔잔한 수면을 바라보면 평화로움을 느끼듯 그러한 마음으로 주님을 찬양하게 하옵소서.

믿음의 주가 되시는 예수님의 이름으로 기도 드립니다. 아멘

36. 해외 취업에서 돌아온 가정

당신의 자녀들을 눈동자와 같이 사랑하시며 지키시는 여호와 하나님! 이 성도가 해외 근무를 마치고 돌아와서 가족들과 반갑게 만나게 하시고 믿음의 형제들과도 다시 만나서 기쁨을 나누게 하시니 감사를 드립니다. 외국에서 가족들을 보고 싶어하는 외로운 마음과 낯선 환경 모두 이기고 열심히 일하게 하시고 건강한 모습으로 돌아온 것은 하나님의 은혜인 줄로 믿습니다.

이제 이땅에서 새로운 길을 열어 주시어 그 일을 성실히 행하게 하시며, 주님의 교회를 충성스럽게 받들어 섬기게 하옵소서. 해외 생활의 체험이 유익한 것이 되게 하옵소서.

사랑이 많으신 하나님 아버지, 가정에서 더욱 화목하게 하옵소서. 떨어져 있는 동안 서로가 얼마나 소중한 존재인지 깨닫고 그리워하며 서로를 위하여 기도하던 마음이 변하지 않게 하옵소서.

일가친척 그리고 이웃과도 더욱 아름다운 교제가 있게 하옵소서. 기도와 말씀으로 경건생활에 힘쓰게 하옵소서. 해외에서 익힌 기술을 잘 활용하게 하옵시고, 땀흘려 번 돈을 값 있는 곳에 쓰게 하옵소서.

해외에서 일하고 있는 동포들을 주님의 날개 아래 품어 보호해 주시며 그들도 맡은 일을 잘 마치고 돌아와 가족과 기쁨으로 상면할 수 있게 하여 주옵소서. 또 이땅에 와서 수고하고 있는 외국인 근로자들에게도 같은 은혜를 베풀어 주옵소서.

은혜와 평강의 하나님 아버지, 이 성도의 가정에 이른 비와 늦은 비를 주시며 이 성도가 힘든 해외생활을 이긴 용기와 의지를 가지고 주 안에서 항상 승리의 생활을 하게 하옵소서.

때를 따라 도우시는 예수님의 이름으로 기도 드립니다. 아멘

37. 생업이 번창한 가정

사람들에게 복 주시기를 원하시는 하나님 아버지!
험난한 이 세상에서 이 성도의 가정을 지키시며 믿음으로 살아가게 하심을 감사 드립니다. 이 가정에 귀한 기업을 주시고 번창하게 하시오니 감사와 찬송을 드립니다.
하나님 아버지, 경제적인 혼란 때문에 직장과 사업의 어려움을 겪는 가정들이 많습니다. 그 같은 가정들도 이 가정이 받은 복을 허락해 주옵소서.
거룩하신 하나님, 하나님을 아버지로 믿는 이들이 스스로 섰다 하는 교만함을 버리게 하시며, 세상의 돈과 명예와 권세를 주님보다 더 사랑하지 말게 하옵소서. 하나님 제일주의로 살았던 아브라함의 신앙을 본받게 하옵소서. 아브라함이 갈대아 우르에서 떠날 때에 절대 순종한 것과 독자 이삭을 겸손히 드렸던 것처럼 귀한 순종과 절대 헌신을 배우게 하소서. 주님께서 주신 물질을 주님 위해 사용하게 하소서. 우리의 모든 삶이 주께 드려지기를 원합니다. 많이 벌어 좋은 일에 많이 쓰는 것이 크리스천의 재물관이라는 것을 알게 해주소서. 이 번창이 변함없이 계속되게 해주소서.
하나님, 종업원들을 생각하게 하여 주옵소서. 혼자서 많은 이익을 기뻐하는 것이 아니라 공평하게 나누며 함께 기뻐할 수 있는 마음을 주옵소서. 모든 것을 협력하여 선을 이루시는 주님의 귀한 뜻을 깨달아 알기를 원합니다.
또한 잘될 때에 하나님 주신 큰복을 세어 보며 이웃을 향해 눈을 돌리게 하시고, 어려움에 처해 있는 사람들에게는 주님 주신 사랑을 펴보이게 하옵소서. 함께 나누는 풍성한 삶으로 인도하옵소서.
복의 근원이신 예수님의 이름으로 기도 드립니다. 아멘

38. 자녀의 축복을 받은 가정

자녀는 여호와의 주신 기업이요 태의 열매는 그의 상급이라고 말씀하신 하나님 아버지! 이 가정에 어린 감람나무와 같은 귀한 자녀를 선물로 값없이 주신 은총으로 인하여 하나님께 감사와 찬송과 영광을 돌립니다.

자녀를 주신 하나님 아버지, 이 자녀들을 주님의 뜻에 합당하게 양육할 수 있도록 도우소서. 이 자녀들이 세상에 속한 쾌락과 만족을 구하지 않게 하옵소서. 마음과 정성을 다하여 하나님을 섬기며 영원한 영광으로 통하는 좁은 문으로 들어가기를 애쓰는 자녀들 되게 하옵소서.

주님께서 이 가정의 자녀들을 축복하여 주시고 사랑하여 주시며 이들의 장래와 전 생애를 주장하여 주옵소서. 하나님께 향한 신앙의 열정이 넘치는 자녀들이 되며 주님 앞에 감사와 찬송을 드리는 자녀들이 되게 하소서. 부모들이 자녀들 앞에서 믿음의 본이 되는 생활을 하도록 성령님이 함께하옵소서. 가정에서 찬송과 기도생활을 함께하며, 구제와 봉사 그리고 참된 신앙인으로서 이웃을 사랑하고 주님을 공경하는 귀한 믿음을 갖게 하옵소서.

아브라함을 부르시고 귀한 아들 이삭을 주신 하나님, 아브라함이 자녀를 사랑함보다 여호와의 명령을 더 순종함같이, 이 가정의 부모도 주님의 말씀에 절대 순종하는 귀한 믿음을 주소서.

사랑하는 자녀들을 나라와 민족을 위해 하나님나라를 이땅에 세우기 위한 귀한 일꾼들로 성장시켜 주옵소서. 또한 자식의 자식을 보는 축복도 허락하여 주옵소서.

이 가정을 사랑하시는 예수님의 이름으로 기도 드립니다. 아멘

39. 절망을 극복한 신자

풍랑이 이는 바다 위에서 살려달라고 외쳐대는 제자들에게 구원을 베풀어 주신 사랑과 자비의 하나님! 세상의 거친 세파와 어려움 중에도 이 성도에게 주님을 모시며 살아가는 믿음을 주시고, 하나님께 모든 것을 맡김으로 승리의 삶을 살게 하시니 감사 합니다.

눈물을 흘리며 씨를 뿌리는 농부가 기쁨으로 단을 거둘 때가 오듯이 절망을 극복하고 승리하게 하시니 감사와 찬송을 드립니다.

절망하고 있는 자들의 고통을 함께하시는 하나님, 그들이 만물을 주관하시고 이끄시는 아버지를 바라보며 살아가게 하시고 이 세상의 모든 환난과 시련과 낙담과 걱정을 잊어버리게 하옵소서. 아무 것도 염려하지 말고 주님만 의지하라고 말씀하시던 그 분부를 가슴 깊이 새기면서 우리를 절망하게 하고 낙심하게 하는 것들로부터 벗어나게 하옵소서.

전능하신 하나님 아버지, 이 성도가 믿음으로 절망을 극복한 일이 어려움 가운데 있는 이들에게 소망과 격려가 되게 하옵소서. 그들의 연약한 손과 마음을 잡아 주옵소서. 항상 믿음과 소망을 지니고 승리하신 주님만 바라보게 하옵소서. 무섭게 휘몰아치는 노도광풍 앞에서도 주님을 바라보는 믿음으로 견고하게 서서 휩쓸려 떠내려가지 아니하도록 담력을 주옵소서. 항상 함께하시는 주님만 바라보며 의지함으로 승리의 깃발을 세우게 하옵소서. 절망은 죄인 것을 알게 하옵소서.

모든 일에 감사하라고 하신 하나님 아버지, 항상 기뻐하며 쉬지 말고 기도하며 범사에 감사하는 성도가 되게 하옵소서. 절망을 이긴 힘으로 천국의 영생을 얻는 승리를 거두게 하소서.

우리와 동행해 주시는 예수님의 이름으로 기도 드립니다. 아멘

40. 정의감이 있는 신자

길이요 진리요 생명이신 아버지 하나님!

의인은 없나니 하나도 없다고 하신 이 악한 세상에 의로우신 주님께서 찾아오셔서 믿는 이들에게 의의 인을 쳐 주신 주님의 큰사랑과 은혜와 자비를 감사 드리며 찬송합니다.

거룩하신 아버지 하나님, 더러운 죄악과 불의로 가득 찬 죄인들을 용서하여 주시오며, 주님 안에서 거듭난 새로운 삶을 허락하여 주옵소서. 사람들은 정의롭게 살기를 원하지만 마음뿐일 때가 많습니다. 그래서 정의보다는 불의에, 평화보다는 불화에, 평등보다는 차별에 기울 때가 많음을 고백합니다.

공의를 사랑하시는 주님, 주님의 뜻대로 살기를 원하며 이땅 위에 하나님의 나라를 이루어가기 위해 힘쓰는 이 성도의 바른 마음을 격려하여 주시고 남을 위해 살아가는 헌신된 생활을 많은 사람들이 본받게 해주옵소서. 이 성도의 발길이 닿는 곳마다 정의가 실현되게 하시고 평화가 깃들게 하시고 부정직한 사람들이 정직하고 의로운 삶으로 변화되게 하옵소서.

이 시간에도 하나님의 의를 이루시기 위해 고난받으시고 십자가에서 죽기까지 하신 주님을 우러러뵈오니 저희들을 통해 주님의 뜻을 이루소서. 주님 가신 십자가의 길을 우리들도 따라가게 하시어 희생과 헌신이 따르는 고통 속에서도 참 의와 사랑을 실천하는 주님의 제자가 되게 하옵소서. 정의로운 삶을 이루며 세상의 빛과 소금으로 살아가는데 따르는 고난도 이기게 하소서. 좁은 문으로 들어가라는 주님의 말씀을 붙들고 자기를 부인하며 자기 십자가를 지고 주님을 따르게 하옵소서.

예수님의 이름으로 기도 드립니다. 아멘

41. 능력받기 원하는 신자

능력의 근원이 되시는 여호와 하나님 아버지!

크신 능력으로 죄인들을 구속하여 주신 은혜를 감사 드립니다.

하나님은 우리의 영혼과 육신을 능히 멸하기도 하시고 살리기도 하시며 우리의 기도를 들으시는 분이심을 믿습니다.

능치 못함이 없으신 하나님 아버지, 능력받기 위하여 만물을 지배하시는 만왕의 왕이신 주님께 기도하고 있는 이 성도에게 능력을 허락하여 주옵소서. 연약한 인생들을 굽어 살펴 주시며 담대한 믿음을 주시고 주님의 크신 능력을 받아 살아가게 하옵소서.

이 성도가 자신의 영광을 위해 살지 않게 하시며 주님의 영광을 위하여 살게 하옵소서. 주를 믿는 자는 능치 못할 일이 없으며 부끄러움을 당하지 않고 심판을 받지 않으며 영생을 얻는다는 주님의 말씀을 기억하게 하소서. 세상의 약한 것들을 택하사 강한 것들을 부끄럽게 하려 하시는 하나님, 연약할지라도 말씀을 의지하여 살고자 하는 이 성도를 강한 팔로 붙들어 주시고 함께하소서.

믿음으로 구제하고 기도하며, 믿음으로 봉사하며 감사하는 삶을 살게 하옵소서. 그러한 삶속에서 주님의 능력이 임하실 줄을 믿습니다. 쉬지 않고 기도함으로 능력 있는 삶을 사셨던 주님을 바라보며 기도함으로 능력을 받게 하옵소서. 절대적인 사랑으로 능력을 받게 하시되 절대적인 믿음으로 능력 있는 삶을 살게 하소서.

이 성도가 능력받기 원함은 사명을 바로 알고 주의 뜻을 이루어 나아가기 위해서 이오니 말씀을 바로 깨닫고 이웃을 향해 사랑과 위로의 나눔을 갖게 하시고 그 같이 하는 가운데 능력 있는 신앙인의 삶을 살게 하옵소서.

사랑이 많으신 예수 그리스도의 이름으로 기도 드립니다. 아멘

42. 좋은 성품을 가진 신자

　모든 좋은 것의 근원이 되시는 하나님 아버지!
　이 성도가 주의 귀한 성품에 참여하는 자가 되게 하심을 감사 드립니다. 이 성도가 이웃에 대하여는 겸손하며 남을 나보다 낫게 여기는 마음으로 이웃을 자기 몸과 같이 사랑하게 하심을 감사 드립니다. 요셉이 깨끗한 삶을 살았던 것처럼 저희들도 깨끗한 삶을 살게 하시고 시험을 이기게 하옵소서.
　요셉이 형제들을 용서하여 준 것처럼 저희들도 용서하는 삶을 살게 하옵소서. 요셉이 상전에게 성실함으로 순종하였으며 하나님 앞에 겸손한 삶을 살았던 것을 본받게 하소서.
　"온유한 자는 복이 있나니 땅을 기업으로 받을 것임이요, 화평케 하는 자는 복이 있나니 저희가 하나님의 아들이라 일컬음을 받을 것이라"고 말씀하신 주님의 귀한 말씀을 마음에 새기게 하옵소서. 이 성도와 저희들이 더욱더 온유한 마음, 긍휼히 여기는 마음, 화평하게 하는 마음을 갖게 하옵소서. 주님의 온유한 성품을 닮아가게 하시어 주님과 더불어 승리하게 하옵소서.
　사랑의 하나님 아버지, 말씀으로 깨닫고 주님을 위하여 선한 싸움을 싸우며 착한 양심을 갖고 그리스도의 온유한 성품을 닮아가는 이 성도를 복 되게 하옵소서. 그에게 속한 가정도 평화의 길로 이끌어 주옵소서.
　그리스도 예수의 마음을 품으라고 하신 말씀을 기억하며, 겸손과 복종의 삶을 산 예수님을 따르게 하옵소서. 자기의 유익을 구하지 않고 많은 사람의 유익을 구하는 자들이 되게 하옵소서.
　참 신이시요 동시에 참 인간이신 예수님의 이름으로 기도 드립니다. 아멘

43. 신용불량자가 된 신자의 가정

어렵고 외로운 처지에 있는 사람을 더욱 사랑하시며 가까이 하시는 하나님! 이 가정이 성실하게 애쓰며 살고 있지만 경제적인 어려움을 이기지 못해 은행거래를 비롯하여 여러 가지 면에서 불이익을 당하고 있습니다.

이 일이 혹 하나님의 영광을 가리우는 일이 되지 않을까 송구스러운 마음으로 아버지의 도움을 구하고 있는 이 가정을 기억해 주옵소서. 혹시 지혜롭지 못해서, 또 무분별한 지출 때문에 이와 같이 되었으면 주님, 회개하게 하시고 이제부터는 절제의 삶을 사는 데 힘쓰게 해주옵소서.

우는 자의 위로가 되시고 없는 자의 풍성이 되시는 하나님, 이 가정이 다시 일어설 수 있는 용기를 주시고 이 어려움의 굴레에서 속히 벗어나게 하여 주옵소서. 이 가정이 한때의 어려움으로 신용불량자로 분류되었으나 힘써서 그것을 극복한 의지의 신실한 가정으로 기억되게 해주옵소서. 무엇보다도 하나님 앞에 신용불량자가 되는 일이 없게 해주옵소서. 하나님께서 우리를 모른다고 하시고 우리의 불성실 때문에 우리를 외면하시면 우리는 정말로 설 곳이 없습니다.

우리는 가난한 자 같으나 많은 사람을 부요하게 하고 아무 것도 없는 자 같으나 모든 것을 가진 자라고 하신 바울 사도의 말을 기억하며 일어서게 하여 주옵소서. 돕는 손길을 허락하시며 이 일을 담당하고 있는 금융관계자들에게 너그러운 마음을 주셔서 이 가정이 곤경에 처하지 않도록 일을 처리하게 하여 주옵소서.

허물을 기억하지 않으시며 용서하시기를 즐겨하시는 예수님의 이름으로 기도 드립니다. 아멘

44. 자녀가 환각제를 복용하는 가정

"젊은 자의 자식은 장사의 수중의 화살 같으니 이것이 그의 화살통에 가득한 자는 복되도다"고 하신 하나님!

자녀가 환각제를 복용한다는 사실을 알고 놀람과 충격 속에 빠져 있는 이 가정을 위하여 간절한 마음으로 기도 드리오니 주여, 들으소서. 주여, 용서하소서. 주여 귀를 기울이시고 응답하소서!

청소년의 환각제 문제가 날로 심각해 간다는 보도를 대하면서도 남의 일로만 여기다가 믿고 있던 자녀가 바로 환각제를 복용하고 있다는 사실을 알고 이 가정이 너무나 큰 비탄에 빠져 있습니다. 주여, 충격을 이길 수 있는 용기를 주시며 놀란 가슴을 진정하고 냉철한 마음을 가질 수 있도록 도와주옵소서.

자녀에 대해 관심을 기울이지 못했던 것, 자녀를 이해하려 하지 않았던 것, 자녀와 대화가 부족했던 것, 무엇보다도 자녀를 위한 기도가 부족했던 것을 깨닫게 해주옵소서. 자녀가 어떤 친구들을 사귀고 있는지 살피려 하지 않았던 점도 회개하게 해주옵소서.

살아계신 하나님, 많은 유혹과 위험 속에 노출되어 있는 이땅의 청소년들을 지켜 주옵소서. 특히 마약의 유혹으로부터 지켜 주옵소서. 마약은 그들이 육신을 병들게 하며 정신을 병들게 하고 나아가서는 영혼을 병들게 하여 나라의 장래를 어둡게 합니다.

환각제를 끊는 일을 도와주옵소서. 의지를 주시고 치료의 과정을 지키시고 법의 제재가 따르는 일이면 그것도 감수하게 하여 주옵소서. 이 일을 속히 극복하고 이 가정의 자녀가 장사의 수중에 가득한 화살과 같은 자녀로 변화되게 하여 주옵소서. 이 가정뿐만 아니라 같은 문제를 가지고 있는 모든 가정을 도와주옵소서.

예수님 이름으로 기도 드립니다. 아멘

45. 자녀가 컴퓨터 게임에 중독된 가정

저희들에게 자녀를 선물로 주신 하나님!

이 가정의 자녀가 컴퓨터 게임에 중독되어 생활의 리듬이 깨지고 학업성적이 떨어지며 제때에 식사도 하지 않는 비정상적인 생활을 하고 있습니다.

하나님, 이 자녀가 컴퓨터 게임 중독에서 벗어나게 하옵소서. 컴퓨터 게임에 중독되는 것이 얼마나 해로운 일인지 깨닫게 해주옵소서. 컴퓨터 게임에 중독되는 것이 아니라 성령으로 충만케 하시고 진리에 바로 서게 하시며 경건의 훈련을 통해 예수님 안에 거하게 하옵소서. 하나님께서 저희들에게 컴퓨터를 좋은 선물로 주셨는데 사람들은 이것을 악용하고 있습니다. 정보의 바다라고 하는 인터넷은 욕설의 바다가 되고 있고 또한 음란문화를 퍼뜨리는 온상이 되고 있으며 컴퓨터 바이러스를 만들어 퍼뜨리는 사람들도 있습니다. 하나님이 주신 선물을 감사한 마음으로 값있게 사용하게 해주옵소서. 컴퓨터가 선교의 좋은 도구로 널리 활용되게 해주옵소서.

사랑의 하나님, 이 가정이 사랑이 넘치는 가정이 되어서 자녀가 문을 닫아걸고 컴퓨터 앞에 앉는 것보다 가족들과 둘러앉아 대화를 나누는 것이 훨씬 더 즐거워질 수 있게 하시고, 컴퓨터 게임보다 가족들과 또는 친구들과 그리고 교회에서 갖는 건전한 게임이 더 재미있어질 수 있도록 성령께서 도와주옵소서. 인격과 인격의 만남, 사랑과 사랑의 만남, 피부 접촉 속에서 바르게 성장하게 해주옵소서. 컴퓨터를 바르게 활용할 수 있는 지혜를 주옵소서. 성령께서 자녀의 마음에 역사하셔서 컴퓨터 게임을 멀리할 수 있도록 도와주옵소서.

예수님의 이름으로 기도 드립니다. 아멘

V. 전도 심방기도

심방시 필요한 말씀요약

1. 기독교를 반대하는 사람
(갈 3:1~3 / 40·336)

제목: 어리석은 사람
1) 하나님이 없다고 하는 사람입니다.
2) 천국이 없다고 하는 사람입니다.
3) 이 세상살이가 영원한 줄 아는 사람입니다.

2. 성경을 부인하는 사람
(요 6:67~68 / 235·238)

제목: 영생의 말씀
1) 성경이 하나님의 말씀이라고 자체로 증거합니다.
2) 36인이 1600년 동안 각처에서 썼는데 사상이 통일되었습니다.
3) 많은 이에게 감동을 줍니다.

3. 죄가 없다고 하는 사람
(롬 3:10 / 189·193)

제목: 모두 다 죄인
1) 성경은 "의인은 없나니 하나도 없으며"라고 말합니다.
2) 하나님을 믿지 않고는 참된 의를 알지도 못하고 행할 수도 없습니다.

4. 교회에 안 나가도 믿는다는 사람
(히 10:25 / 245·278)

제목: 모이기를 힘쓰라
1) 형제들과의 교제를 무시하는 것은 옳은 자세가 아닙니다.
2) 성도는 개별적 존재가 아니라 서로 결합하여 하나님의 집을 지어가는 공동체입니다.
3) 서로 도와 그리스도의 몸을 세우라고 하셨습니다.

5. 종교는 다같다는 사람
(엡 1:7 / 196·501)

제목: 예수님의 피로만
1) 죄의 삯은 사망입니다.
2) 모든 인간은 죄로 인하여 사망할 수밖에 없습니다.
3) 예수님의 피만이 죄사함 받을 수 있는 유일한 길입니다.

6. 믿기를 미루는 사람
(암 5:4 / 337·338)

제목: 내일 일을 알 수 없는 인생
1) 하루가 지나는 동안에 무슨 일을 당할는지 아무도 보장할 수 없습니다.
2) 내일 일을 알 수 없는 것이 우리들 인생입니다.
3) 주저할 필요가 없습니다.

I. 기독교를 반대하는 사람

모든 사람이 구원받기를 원하시는 하나님 아버지!

연약한 죄인이 주님의 보좌를 바라보면서 드리는 기도를 들어 주옵소서. 우리들은 하나님보다 사람을 더 두려워하면서 살 때가 많습니다. 주여 사람을 두려워하지 말게 하시고 우리 주님을 바라보며 능력을 구하게 하옵소서.

하나님, 세상 사람들로 하여금 육신을 죽이고 영혼까지 죽이지 못하는 사람을 두려워하지 말게 하시고, 영과 육을 함께 지옥불에 넣으실 수 있는 생명의 주님을 두려워하면서 섬기게 하옵소서.

은혜로우신 하나님, 이 형제의 마음을 열어 주님을 영접할 수 있도록 그의 심령에 임재하시고 역사하옵소서. 이 형제가 하나님을 발견하며 그리스도의 보혈을 믿게 하옵소서. 또한 이 형제의 심령에 진리의 빛을 비추어 주시고 하늘나라의 소망을 주옵소서.

'주님을 모른다' 하고 주님의 진리를 반대하던 사람들이 어떻게 되었는지 생각하며 두려움을 갖게 하시고 깨닫게 하셔서 돌아오게 하옵소서. 땅의 것만을 생각하는 어리석은 인간이 되지 않도록 영의 눈을 뜨게 하시어 하늘의 것을 보게 하옵소서.

자비로우신 하나님 아버지, 이 형제의 마음을 부드럽게 하시고 귀를 열어 주셔서 그리스도께서 부르시는 부드러운 음성을 듣게 하옵소서. 이 형제에게 자비의 손길을 펴시어서 우리와 함께 구원을 얻게 하옵소서.

방황하지 말고 내게로 오라고 하시는 예수님의 이름으로 기도 드립니다. 아멘

2. 하나님이 없다고 하는 사람

창조주이신 하나님!

철을 따라 바뀌는 아름다운 자연도 하나님의 솜씨가 아니면 존재할 수 없음을 우리가 압니다. 하늘의 붉은 태양과 밤하늘의 달과 별, 길가의 풀 한 포기에서 아름다운 꽃까지 하나님이 지으시고 존재하게 하셨습니다. 또한 역사의 흐름을 볼 때 하나님이 그 가운데 계셔서 이끌고 계심을 고백하지 않을 수 없습니다.

하나님께서는 우리의 사악한 마음에 하나님의 선한 빛을 비추어 우리 죄를 깨닫게 하시며 하나님을 발견하게 하시는 분임을 압니다. 어둡고 우둔하고 미련한 우리들이 주님을 좀 더 잘알고 깨닫게 하소서. 하나님을 알 만한 것이 이 형제의 마음속에 있음을 압니다. 불의가 진리를 막음으로 인하여 하나님의 진노가 이 형제에게 임하지 않도록 하옵소서.

전지전능하신 하나님! 하나님의 영원하신 능력과 신성이 그 만드신 만물을 통해 분명히 보여지며 나타날 것을 저희가 믿습니다. 하나님이 없다고 하는 것은 마음이 어두운 연고임을 알게 하옵소서. 오늘날 우리는 하나님이 없다고 하던 공산주의의 말로가 어떠한지를 분명하게 보고 있으며, 하나님을 없다고 하던 사람들이 그들의 한계를 만날 때 하나님을 찾는 선례들을 저희가 수없이 보고 있습니다.

하나님을 부인하는 사람이 받는 저주가 이 형제에게 임할까 심히 두렵습니다. 이 형제에게 깨달음을 주옵소서. 주님만이 영원한 하나님인 것을 알게 하시고, 오직 하나님만 섬기면서 우리와 같이 믿는 자리에 서게 하옵소서.

스스로 있는 분이신 예수님의 이름으로 기도 드립니다. 아멘

3. 예수의 신성을 부인하는 사람

참 신이요 동시에 참 인간이신 하나님!
주님께서는 근본 하나님과 본체이시나 하나님과 동등됨을 취하지 않으시고 오히려 자기를 비워 종의 형체를 가지사 사람들과 같이 되셨고, 사람의 모양으로 나타나사 자기를 낮추시고 죽기까지 복종하신 분임을 생각하며 감사를 드립니다.
영화로우신 하나님 아버지, 이 시간 하나님은 안다고 하면서도 예수님께서 바로 구원의 능력이 있으신 하나님 되심을 부인하는 형제를 위해 기도 드립니다. 예수님이 인성과 신성을 동시에 지녔다는 것은 신비이나 또한 실제임을 우리가 고백합니다. 그러나 믿지 못하는 이들에겐 성령님의 감동감화가 없이 주를 하나님의 아들이라 고백할 수도 없고, 하나님의 이름을 망령되이 부를 수밖에 없습니다. 지금 곧 이 성도의 마음에 임재하셔서 깨닫게 해주옵소서.
교회 역사를 돌아볼 때 많은 사람들이 예수님의 신성을 부인함으로 교회에 어려움을 주고 이단으로 정죄되는 불행을 겪었습니다. 그와 같이 불행한 일이 반복되지 않게 해주옵소서.
인간의 지식과 지혜는 아무리 높아도 하나님나라의 초보자만도 못함을 저희들이 압니다. 이제 인간의 한계를 벗어나지 못하는 사고로 어리석은 주장을 하는 사람이 되지 말고, 겸손하게 자기를 돌아보며 예수님이 어떠하신 분인가를 생각해 볼 수 있는 마음을 갖게 하옵소서.
삼위일체의 하나님 아버지, 성경이 예수님을 증거하고, 성령님이 말할 수 없는 탄식으로 빌어 주시며, 진리의 영으로 인도하시어 이 형제가 예수님을 하나님으로 알아 고백하게 도와주옵소서.
예수님의 이름으로 기도 드립니다. 아멘

4. 성경을 부인하는 사람

태초부터 계신 말씀인 하나님!
우리에게 성령의 감동으로 기록된 성경을 주셔서 하나님을 알게 하시고 구속의 도리를 깨닫게 하시며 하나님의 자녀로서 살아가는 기준을 알게 하시니 감사합니다. 인생의 모든 문제를 해결해 주는 하나님의 말씀을 송이 꿀보다 더 사랑하며 힘써 읽게 하옵소서.
이 말씀을 읽는 자와 듣는 자들과 그 가운데 기록한 것을 지키는 자가 복이 있다고 하셨사오니, 이 말씀을 읽고 듣고 지키기에 힘써 성경에 약속한 복을 받게 해주옵소서. 말씀으로 다가오신 하나님, 성경은 하나님의 살아있는 말씀이고 인류의 역사를 밝혀 주는 등불임에도 사랑하는 이 형제가 이것을 믿지 못하고 부인하고 있으니 불쌍히 여기시고 깨닫게 해주옵소서.
의로우신 하나님, 하나님의 말씀만이 교훈과 책망과 바르게 함과 의로 교육하기에 유익하며, 사람을 온전케 하고 모든 선한 일을 행하기에 넉넉하오니, 이 형제가 하나님의 말씀을 믿고 깨닫게 하옵소서.
시편 기자의 고백처럼 하나님의 말씀의 맛이 입에 꿀보다 더 달게 하옵소서. 하나님의 법도로 이 형제가 지혜를 얻게 하시며 말씀 앞에 무릎을 꿇게 하소서. 하나님의 말씀은 사람들의 발에 등이며 빛이오니, 이 형제가 말씀의 인도를 받게 하시고 하나님의 법을 사랑하여 큰 평안을 얻게 해주옵소서. 말씀은 능력이 있어 사람들을 변화시키며 소생시킴을 믿사오니 이 형제에게 그와 같은 역사를 허락하옵소서.
말씀을 통해 큰 역사를 이루시는 예수님의 이름으로 기도 드립니다. 아멘

5. 내세나 심판을 부인하는 사람

이 세상의 주인이 될 뿐만 아니라 내세의 주인이 되시는 하나님! 우리를 구원하기 위해 이땅에 처음 오셨고 말씀과 예배 중에 오늘 나에게 오고 계시며 장차 심판주로 재림하실 분임을 믿습니다.

사람이 한번 죽는 것은 정한 것이요, 그후에는 심판이 있을 것이라고 말씀하신 하나님, 내세와 심판을 부인하는 이 형제를 불쌍히 여기시옵소서. 이 형제의 눈을 열어 영원한 세계의 비밀을 보게 하옵소서. 내세가 없고 우리가 바라는 것이 다만 이 세상의 삶뿐이라면 우리는 모든 사람 가운데서 가장 불쌍한 자가 됩니다. 또한 심판이 없다면 이 세상은 불의와 부조리가 지배하는 것이 됩니다.

심판주로 다시 오시는 주님, 여호와 하나님은 모든 것을 다 아시오며 영원한 심판의 주님이시고, 산 자와 죽은 자의 주가 되십니다. 땅에서 영원히 살 사람처럼 육신의 눈만 갖고 땅엣 것만 내려다보며 살지 말게 하옵소서. 우리가 하는 일이 하늘나라에 낱낱이 기록되고 있는 것도 알게 하옵소서.

이 형제가 죽음은 끝이 아니라 영원한 시작임을 깨달아 알게 하옵소서. 또한 믿지 않는 자들에게는 불과 유황 못에 던져지는 둘째 사망이 있는 것을 알게 하옵소서. 내세와 심판을 부인하다가 영원한 고통을 받고 있는 영혼들의 신음소리를 듣게 하옵소서.

내세와 심판을 믿는 자들에게 구원이 되시는 주님, 이 형제로 하여금 하나님을 믿지 않는 사람은 영원한 형벌에 처해지게 되고, 그리스도의 보혈을 믿는 의인들은 영생에 들어가게 되는 하나님나라의 오묘한 진리와 심판의 섭리를 깨닫게 하옵소서.

예수님의 이름으로 기도 드립니다. 아멘

6. 죄가 없다고 하는 사람

"너희 죄가 주홍 같을지라도 눈과 같이 희어질 것이요 진홍같이 붉을지라도 양털같이 되리라"고 하신 하나님 아버지!

우리들은 죄인들입니다. 불쌍히 여겨 주옵소서. 의인은 없나니 하나도 없다고 하신 말씀을 우리들이 믿고 고백합니다. 인간은 기회만 있으면 선한 생각, 선한 일보다는 악한 생각, 악한 일에 대해 흥미를 갖고 마음을 쏟는 약한 존재들입니다.

우리들은 죄의 핏줄을 이어받아 태어났으며, 알게 모르게 죄를 지을 뿐만 아니라 마땅히 행해야 할 것을 행하지 못하는 죄도 짓고 있습니다. 이러한 우리들은 성령님의 도움이 없이는 감히 주님 앞으로 나아올 수 없습니다. 시시때때로 도우시는 은총으로 죄악의 길을 피하게 해주시고 빠져들지 않게 하시오니 감사 드립니다. 이제 그 은혜에 보답하는 삶이 되게 하옵소서.

죄인을 오라 하시는 하나님, 교만함과 불순종으로 인간은 본래 선한 존재라는 주장을 내세우는 사람도 있고 자기의 의를 드러내는 사람도 있습니다. 또한 자신은 윤리적으로나 도덕적으로 깨끗하다고 생각하고 있는 사람들도 있습니다.

하나님, 어지러운 이 세상, 유혹 많은 사회에 살면서 죄와는 전혀 관계가 없다고 할 수 있는 사람은 없는 줄로 압니다. 저희에게 죄가 없다고 하는 교만이 가장 무서운 죄인 것을 알게 해주옵소서.

오 하나님, 우리들 자신이 죄인인 것을 깨닫고 자신의 죄를 회개하고 자복하는 마음을 갖게 하옵소서. 예수 그리스도의 보혈의 공로를 믿게 해주옵소서.

예수님의 이름으로 기도 드립니다. 아멘

7. 믿기를 후일로 미루는 사람

　보라 지금은 은혜 받을 만한 때요, 보라 지금은 구원의 날이라고 하신 하나님! 이 형제가 믿음에 대해 관심을 갖고 있으면서도 믿기를 후일로 미루고 있사오니 이 형제에게 깨달음을 주시고 오늘 결단하게 해주옵소서.
　우리의 생명이 오늘 보이다가 없어지는 안개 같고 우리는 언제 하나님의 부르심을 받을지 모르는 존재라는 것을 알게 해주옵소서. 오늘 이 형제가 해야 할 일 가운데 가장 중요한 것이 바로 믿음의 결단을 하는 것임을 알게 해주옵소서.
　내일 일을 알 수 없는 인생을 불쌍히 여기시는 하나님, 하룻밤이 지날 때 무슨 일을 당할지 알 수 없는 우리 인생들에게 오늘을 보람 있게 살면서 믿음을 갖고 내일을 준비하게 하옵소서.
　우리는 나그네요 행인이오니 정욕을 위하여 육신의 일을 도모하지 말게 하옵소서. 우리의 생명은 풀과 같으니 믿기를 후일로 미루지 말게 하옵소서.
　하나님은 영원하시나 우리 인생은 유한한 것인즉 영원하신 주님 앞에 겸허한 자세로 오늘도 주님을 영접하게 하옵소서.
　오늘 구원을 이루시는 하나님, 오늘 할 일을 내일로 미루지 말아야 하는 것이 지혜로운 삶인데 그 가운데서도 믿는 것을 후일로 미루는 것은 가장 어리석은 일인 것을 알게 해주옵소서.
　생각하지 않은 때 도적같이 오신다고 하신 하나님, 이 형제가 예비하는 종이 되어 기름을 마련하고 등불을 들고 주님을 맞이하게 하옵소서. 믿는 것을 내일로 미루다가 이미 닫힌 천국문을 두드리는 어리석음을 범치 않게 하옵소서.
　예수님의 이름으로 기도 드립니다. 아멘

8. 죽을 즈음에 믿겠다는 사람

　범사에 기한이 있고 천하 만사가 다 때가 있다고 하신 하나님!
　아버지께서는 우리의 날 때와 죽을 때를 주관하시는 분임을 고백합니다. 하나님, 이 형제가 죽을 즈음에 믿겠다고 하는데 우선 믿겠다는 마음을 주신 것에 감사 드립니다.
　그러나 이 형제에게 더 깊은 깨달음을 주셔서 사람은 언제 죽을지 모르는 존재임을 알게 하여 주옵소서. 사람은 내일 일을 알지 못하는 존재이며, 우리의 생명은 잠깐 보이다가 없어지는 안개와 같은 존재임을 알게 해주옵소서.
　심판의 그날에 믿는 사람과 안 믿는 사람을 천국과 지옥으로 완전히 갈라놓으실 하나님, 이 형제가 이렇게 복음을 들을 수 있을 때에 하나님을 영접할 수 있도록 성령님께서 깨우쳐 주옵소서.
　하나님 아버지, 부자와 나사로의 이야기를 생각해 봅니다. 부자가 죽어 음부에 떨어져 괴로움 가운데 있으면서 살아있는 가족에게 전도할 수 있는 기회를 달라고 아브라함에게 간청하는 소리를 이 형제도 듣게 하소서. 건강할 때 건강한 정신으로 예수님을 영접하여 천국 백성 되게 하시고, 그렇게 살 때 성도가 천국에서 상급이 큰 것을 알게 해주옵소서.
　생명의 주인이신 하나님 아버지, 생명이 나의 것인 줄 알고 생명의 기한을 아는 것 같은 착각에서 벗어나게 하옵소서. 우리들은 언제 죽을지 알 수 없습니다. 하나님께서 부르시면 아무 말 하지 못하고 가야하는 존재인 것을 알고 겸손한 삶을 살게 해주옵소서. 우유부단한 심성 때문에 결단이 늦어지지 않게 하시고 지금 주님을 영접하게 하옵소서.
　예수님의 이름으로 기도 드립니다. 아멘

9. 우상숭배하는 사람

　모든 사람들에게 오직 유일한 경배의 대상이 되시는 하나님!
　하나님의 전지전능하심을 찬양하며 십자가의 사랑에 감사 드립니다. 하나님께서 제일 싫어하는 것이 우상을 숭배하는 것이며 하나님께서 계명을 주실 때 먼저 하나님 외에 다른 신들을 있게 하지 말라고 하시고 또 우상을 만들지 말라고 하신 것을 기억합니다. 또한 우상을 섬기다가 멸망한 많은 사람들을 기억합니다. 이스라엘 백성이 광야에서 우상을 섬기다가 가나안 복지에 들어가지 못한 일도 있었으며, 하나님보다 다른 것을 더 귀하게 여기며 섬기다가 본인은 물론 자자손손 멸망과 저주를 당한 일들도 있었습니다.
　거룩하신 하나님, 이러한 범죄를 우리들이 반복하지 않게 하옵소서. 또한 이 세대에 있어서 우리들의 우상은 무엇인지를 깨닫게 하시고, 하나님보다 더 중요하게 여기는 것이 없게 해주옵소서. 정치인에게는 권력이, 학자에게는 지식이, 경제인에게는 돈이, 연예인에게는 인기가 우상일 수 있습니다.
　하나님, 이 형제가 우상을 숭배하지 않게 해주옵소서. 하나님보다 중요하게 여기는 것이 있으면 과감하게 버릴 수 있는 용기와 지혜를 주옵소서. 우상숭배를 하는 것이 얼마나 무서운 죄인가를 알게 해주옵소서. 공의로우신 하나님께서 우리를 생명의 길과 죽음의 길로 갈라놓으실 심판의 그날에 우상을 숭배한 죄 때문에 무서운 형벌을 받지 않도록 깨우침을 주소서.
　복음이 가는 곳에 우상을 타파하는 역사가 일어나는 일들을 보고 듣습니다. 복음의 능력으로 이 형제의 마음속에 있는 우상들이 타파되는 역사가 일어나게 해주옵소서.
　예수님의 이름으로 기도 드립니다. 아멘

10. 믿으면 핍박받을 것이라 우려하는 사람

끝까지 견디는 자는 구원을 얻으리라고 하신 하나님!

이 형제가 믿기를 원하나 핍박받을 것이 두려워 주저하고 있습니다. 하나님, 이 형제가 믿음의 길에는 핍박도 따른다는 것을 알게 해주시니 감사합니다. 한걸음 더 나아가서 핍박을 이긴 사람에게 승리의 면류관이 주어진다는 사실도 알게 하여 주옵소서.

하나님, 이 형제에게 강한 마음을 주옵소서. 담대함을 주옵소서. 핍박이 두려워 믿음의 길에 들어서지 못하는 어리석음이 없게 하소서. 용기를 낼 때 더 좋은 길과 환경으로 뒤바뀌는 역사를 믿게 하옵소서. 기독교는 박해와 핍박 속에서 더욱 강하게 성장해왔음을 깨우쳐 주옵소서. 예수님께서 지신 십자가의 의미와 교훈을 깨닫게 하시고, 초대교회가 핍박 속에서도 널리 퍼져나갔음을 다시 한번 생각하게 하옵소서. 다니엘과 그의 친구들이 풀무불과 사자굴의 핍박을 이긴 일을 통해 힘을 얻게 하옵소서.

하나님, 우리가 주사를 맞을 때 잠시의 아픔이 있으나 그를 통해 우리의 육신이 강건해지는 것을 생각하며 핍박 속에서 우리의 영이 새힘을 얻는 진리를 깨닫게 해주옵소서.

우리가 어려운 일을 만날 때 능력의 팔로 붙들어 주신다고 약속하신 하나님 아버지, 이 형제가 핍박을 받을 때 주님을 부르게 하시고, 세상의 어떤 힘보다도 하나님의 능력 있는 팔을 붙들게 하소서. 기도로 두려워하는 마음을 물리치는 형제가 되게 해주옵소서. 이 형제를 핍박하려는 사람에게도 하나님께서 자비의 은총을 베풀어 주셔서 그에게 온유함을 주심으로 예수 믿는 사람을 핍박하던 사울이 변화되어 바울이 된 것 같은 일이 일어나게 해주옵소서.

예수님의 이름으로 기도 드립니다. 아멘

II. 조상숭배 문제로 못 믿겠다는 사람

네 부모를 공경하라고 하신 하나님!

이 형제가 믿음에 대해 관심이 있으면서도 조상숭배 문제로 못 믿겠다고 하고 있습니다. 또 이 형제뿐만 아니라 많은 사람들이 조상숭배 문제가 걸림돌이 되어 믿기를 주저하고 있습니다. 믿는 형제와 자매들 가운데도 이 문제로 어려움을 겪고 있는 사람들이 많이 있습니다. 설이나 추석과 같은 전통 명절이 될 때는 이와 같은 문제가 더욱 심각해집니다. 하나님, 먼저 민족복음화가 속히 이루어져서 기독교가 이 민족의 새로운 전통이 되기를 간구합니다.

죽은 자가 다시 와서 무엇을 먹는다고 하는 제사 행위의 허실을 깨닫게 하여 주시며 구습에서 해방시켜 주옵소서. 제사도 이제 많이 변화되어 인터넷을 통한 제사도 등장하고 있는데 더욱 변화하여 추도예배가 되게 해주옵소서.

저희들이 조상들의 근면과 성실함과 여러 좋은 행적을 그리스도 안에서 따르는 것이야말로 진정으로 조상을 위하는 길임을 알게 하소서. 또한 저희가 주님의 말씀에 따라 살아계신 부모님을 섬기는 일에 더욱 힘쓰게 하옵소서.

하나님, 이 형제가 조상을 진정으로 위하는 길이 무엇인지를 알게 하시고 결단하게 해주옵소서. 여러 가지 풍습이나 집안의 규례에 얽매여서 구원받지 못하는 일이 없도록 해주옵소서. 믿음의 선배들은 조상숭배 문제가 지금보다 훨씬 더 심각할 때도 큰 결단을 하고 믿음의 길에 들어섰고, 그 믿음을 우리에게 전해 주었습니다.

주여, 이 형제에게 바른 깨달음과 용기를 주옵소서. 오직 주의 말씀의 지시에 따라서 살아가는 주님의 종이 되게 하옵소서.

이기는 힘을 주시는 예수님의 이름으로 기도 드립니다. 아멘

12. 교회 안 나가도 믿는다는 사람

교회의 머리가 되시는 하나님!

이 형제가 믿음에 대해 관심을 갖게 하시니 감사 드립니다. 하나님 이 형제에게 교회에 대한 바른 인식도 갖게 하여 주옵소서. 교회는 이땅에 있는 유일한 우리 주님의 몸이요, 지체임을 깨달아 알게 하옵소서. 그리스도는 교회의 머리되시며, 교회는 하나님을 만날 수 있는 성전인 것을 알게 해주옵소서. 이사야 선지자가 성전에 와서 하나님을 만나 자기가 부정한 존재인 것을 깨닫고 사죄의 체험을 하며 하나님의 부름을 듣고 응답한 체험이, 이 형제에게도 있게 해주옵소서.

혹시 먼저 믿는 우리가 소금과 빛으로의 삶을 살지 못하여 이 형제가 교회 나오는 것을 꺼리는 것입니까? 저희들의 부족을 용서해 주시고, 초대교회에 넘쳤던 그 사랑의 교제와 기쁨이 이땅의 교회에 충만하게 하여 주옵소서. 이땅의 교회들이 주님의 놀라운 축복과 사랑이 넘치는 곳이 되게 하여 주옵소서. 모든 사람이 늘 사모하는 하나님의 집이 되게 하옵소서.

요즘 교회에 대한 부정적인 말들과 좋지 않은 인식이 퍼져가고 있습니다. 하나님 아버지, 이땅의 교회는 허물도 많지만 교회는 이 민족의 소망이고, 봉사와 구제를 많이 하고 있음을 이 형제가 깨닫게 해주옵소서. 이 형제가 교회에 나아와 교우들과 교제하며 그리스도의 지체로서 주어진 은사를 활용하여 하나님께 영광 돌리게 하옵소서. 석탄이 난로 안에 있을 때는 활활 잘 타오르지만 난로를 떠나면 꺼지고 마는 것처럼 우리의 신앙은 교회 안에서 뜨거워지고 잘 자라는 것을 알게 하여 주옵소서.

예수님의 이름으로 기도 드립니다. 아멘

13. 자신의 의를 내세우는 사람

의인은 없나니 하나도 없다고 하신 하나님!

하나님 앞에서 자기의 의를 내세우는 것이 얼마나 어리석은 일인가를 사람이 깨닫게 하옵소서. 가장 어리석은 자가 그 마음에 하나님이 없다고 함같이 미련한 사람이 자신의 의를 내세웁니다. 우리는 하나님 앞에 모두 죄인인 것을 알게 해주옵소서. 오직 믿음으로 구원 얻음을 깨닫게 해주옵소서.

하나님 아버지, 우리 인생이 율법의 행위로써는 의롭다 함을 얻을 육체가 없고, 하나님의 은혜와 그리스도의 의로우심이 아니면 구원 얻을 사람이 없습니다. 이 형제에게 신령한 지혜를 주셔서 하나님 앞에 스스로가 죄인임을 깨달아 알게 하옵소서. 하나님의 사랑과 용서가 아니면 단 한 가지의 죄도 용서받을 수 없는 것이 인간이며 피흘림이 없은즉 죄 사함받을 길이 없음을 알게 하여 주옵소서.

이 세상에는 자기의 의를 자랑하다가 구원의 길에 들지 못한 사람들이 많이 있습니다. 인간의 공로를 통해 구원받을 수 있다는 가르침은 헛된 것임을 깨닫게 해주옵소서. 우리는 울어도 못하고, 힘써도 못하고, 참아도 못하며 오직 믿어야만 영원한 삶을 얻을 수 있음을 고백합니다.

빛이신 하나님, 그 생명의 빛을 이 형제의 심령에 밝히 비추어 주옵소서. 그래서 인생의 의를 자랑치 말게 하시고 그리스도의 십자가 보혈의 용서를 의지하는 믿음을 주옵소서. 이 형제가 의인은 믿음으로 살리라 하신 하나님의 말씀을 따라 믿음으로 의인이 되어 영광의 구원을 맛보게 하옵소서.

예수님의 이름으로 기도 드립니다. 아멘

14. 죄가 너무 많아서 못 믿는다는 사람

죄짐에 눌린 사람들을 부르셔서 평안을 주시는 하나님!
"수고하고 무거운 짐 진 자들아 다 내게로 오라 내가 너희를 쉬게 하리라" 하시는 말씀을 생각하며 감사를 드립니다. 죄의 무거운 짐을 진 사람들이 주님 앞으로 나와서 쉼을 얻게 해주옵소서.

사랑이 많으신 하나님, "오라 우리가 서로 변론하자 너희 죄가 주홍 같을지라도 눈과 같이 희어질 것이요 진홍같이 붉을지라도 양털같이 희게 되리라"는 음성을 듣게 해주옵소서. 우리의 의로는 주님께로 나올 수 없지만 전적으로 주님의 의의 공로로 나왔사오니 눈같이 희게 하며 양털같이 깨끗하게 하옵소서. 아무리 많은 죄라 할지라도 하나님께로 나아오기만 하면 용서해 주신다는 약속을 믿고 나오게 해주옵소서.

하나님, 이 형제는 죄가 너무 많아서 못 믿겠다고 하고 있습니다. 죄가 많아서 못 믿는 것이 아니라 죄가 너무 많기 때문에 더 열심히 믿게 해주소서. 하나님이 우리의 죄를 헤아리신다면 누가 능히 앞에 설 수 있겠습니까? 그러나 하나님은 독생자 예수님께 우리의 모든 죄를 짊어지게 하시고 이를 믿는 사람마다 저희를 용서해 주시겠다고 약속하셨습니다. 이 엄청난 하나님의 은혜를 의심하면서 아직도 자신의 죄만을 바라보며 하나님께 나아가지 못하는 이 형제에게 깨달음을 주소서. 돌이 크거나 작거나 바다에 던지면 잠기는 것 같이, 우리의 죄가 작거나 크거나 간에 하나님 앞에서는 문제 되지 않음을 알게 해주소서. 죄가 가볍거나 적은 사람은 구원받고 죄가 많은 사람은 구원받지 못하는 것이 아니라 하나님 앞에 회개하지 않는 사람은 구원의 자리에 이르지 못함을 깨닫게 하옵소서.

예수님의 이름으로 기도 드립니다. 아멘

15. 종교는 다 같다는 사람

유일신이신 창조주 하나님!
하나님의 사랑과 구원의 손길을 감사 드립니다. 빛이신 하나님, 아직까지 어둠 속을 방황하는 사람이 많습니다. 그들이 오직 예수 그리스도 한 분만이 유일한 길이요 진리요 생명임을 알게 하옵소서. 예수 그리스도만을 통해서 구원 얻을 수 있음을 알게 하옵소서. 그분만이 우리 죄를 위해 죽으셨고 사망 권세를 이기고 부활하셨음을 깨닫게 하옵소서. 하나님은 창조주이시고, 이 세상 모든 사람들은 피조물입니다. 피조물이 피조물을 숭배하는 일이 얼마나 어리석은 것인지를 알게 하여 주옵소서.

하나님, 배가 항해를 하는 데는 배의 불빛도 도움이 되지만 먼 곳에서 길을 알려주는 등대가 있어야만 안전하게 항해하여 목적지에 도착할 수 있습니다. 이 세상의 성인들과 현인들은 배가 가지고 있는 라이트라면 주님께서는 등대가 되셔서 구원의 불빛을 비추고 있음을 알게 하여 주옵소서. 그 등대의 불빛을 바라보고 나아가게 하여 주옵소서. 참 인간이시며 동시에 참 신이신 주님은 친히 하늘나라를 버리고 낮고 천한 이 세상에 오셨습니다.

예수님은 하나님의 아들이시요, 우리의 구주이시며, 그를 영접하는 자 곧 그 이름을 믿는 자에게는 하나님의 자녀가 되는 권세를 주셨습니다.

죄를 사해 주시는 권능의 하나님, 이 형제가 인간의 의와 교육과 교양과 도덕으로써 우리의 죄를 용서받을 수 없다는 것과 오직 주님의 보혈로만 용서받을 수 있음을 깨달아 알고 주님의 길이 빛의 길, 구원의 길, 오직 생명의 길임을 믿게 하옵소서.

예수님의 이름으로 기도 드립니다. 아멘

16. 악습에 젖어 있는 사람

　유혹의 욕심을 따라 썩어져가는 구습을 좇는 옛사람을 벗어 버리고 심령이 새롭게 되어 하나님을 따라 의와 진리와 거룩함으로 지으심을 받은 새사람을 입으라고 하신 하나님!

　오래 참으시고 언제라도 돌아오기를 기다리시는 하나님 아버지의 사랑에 늘 감격하는 삶을 갖게 하소서. 복음이 이땅에 들어왔을 때 수천년 내려오는 사회 폐습들을 바꾸고 새롭게 한 일을 생각해 봅니다. 우리나라의 조혼, 양반과 상민의 차별, 축첩, 여성 억압, 그 밖의 많은 폐습들이 복음을 통해 개선되고 변화되었습니다.

　하나님 아버지, 이 형제를 변화시켜 주옵소서. 좋지 못한 습관들을 버리게 하옵소서. 또한 이 형제가 이미 도끼가 나무 뿌리에 놓였으니, 좋은 열매를 맺지 아니하는 나무마다 찍어 불에 던지우리라 하신 경고를 듣게 하소서. 주님은 키를 들고 자기의 타작 마당을 정하게 하시는 분임도 알게 해주옵소서.

　이 형제를 얽어매고 있는 사단의 유혹과 악마의 쇠사슬로부터 벗어나게 인도하옵소서. 성령의 이끌림을 받도록 그 심령을 깨우쳐 주옵소서. 회개하여 주님께 돌아오게 하옵소서. 새사람을 입게 하여 주옵소서.

　그 옛날 홍수 전에 노아가 방주에 들어가는 날까지 사람들이 먹고 마시고 장가들고 시집가면서 홍수로 멸망할 때까지 깨닫지 못했던 것처럼, 이 형제가 같은 잘못을 범하지 않게 하옵소서.

　세리장 삭개오를 변화시켜 주신 하나님! 이 형제가 오늘 깨달아 새로워지게 하옵소서.

　우리 구주 예수님의 이름으로 기도 드립니다. 아멘

17. 이미 늦었다는 사람

죄인 하나가 회개하고 돌아오기를 하루가 천년같이, 천년이 하루같이 기다리시는 하나님! 주님께서는 문을 열고, 또 팔을 벌리고 사람들을 부르시니 감사 드립니다.

우리를 부르시는 아버지, 이 형제가 우리를 부르는 주님의 간절한 음성을 듣게 하여 주옵소서. 이 형제가 늦었다고 주저하고 있으나 늦었다고 할 때가 가장 빠른 때인 것을 깨닫고 지금 하나님 앞에 나아오게 해주옵소서. 주님께서는 십자가에 함께 달린 강도도 축복하신 분임을 알게 하여 주옵소서. 주님의 날은 언제나 새날임을 알게 하여 주옵소서. 주님 앞에는 빠르고 늦음이 없음을 알게 하여 주시고 나중된 자가 먼저 된 자가 됨도 알게 하여 주옵소서.

하나님께서는 제삼 시에 부른 일꾼과 제십일 시에 부른 일꾼에게 같은 삯을 주시는 분임을 알고 늦었다고 핑계하지 말며 주님의 부름에 응하게 하옵소서. 주님은 이미 만세 전에 저를 택하시고 예정하시어서 부르시는 것을 알게 하여 주옵소서. 주 앞에 갈 길이 늦었다고 생각하는 것은 사단의 시험일 수도 있겠으니 그 올무에서 벗어나게 하옵소서. 언제 부름을 받았느냐 하는 것보다 얼마나 충성을 다 하느냐 하는 것이 중요한 것을 알게 하옵소서. 아버지는 주인이시오, 우리는 아버지의 종들이오니, 이 종들을 너그러이 용서하시고 이제라도 불러 하나님의 일에 동참하게 하옵소서.

주님께서 다시 오실 날이 멀지 않은 것을 기억하며 구원이 예비된 자의 반열에 들게 하여 주옵소서. 늦었다고 마음대로 판단하지 말고 세월을 허비한 것을 뉘우치며 이제부터 주님을 위하여 세월을 아끼게 하옵소서.

예수님의 이름으로 기도 드립니다. 아멘

18. 술, 담배 문제 때문에 못 믿겠다는 사람

　절제가 성령의 열매 가운데 하나라고 가르쳐 주신 하나님께서는 지식에 절제를, 절제에 인내를, 인내에 경건을 더하라고 하셨습니다. 아버지의 은혜 아래 살면서도 세상 것에 얽매이기 쉬운 우리들을 불쌍히 여겨 주옵소서. 성령이 저희를 붙잡아 지배하시지 않으시면 늘 넘어지기 쉬운 저희의 손을 잡아주옵소서. 이 형제가 주님의 명령에 거역하면서 향락과 육신의 일에 빠지지 않게 해주옵소서. 술과 담배 때문에 신앙생활이 지장을 받거나 양심의 가책을 받는 일이 없게 하여 주옵소서. 하나님이 기뻐하시는 일이 무엇인가를 살펴서 그 일에 순응하면서 살게 하시고, 하나님이 미워하시는 일에서는 손을 떼게 하시며 순응하게 하옵소서. 하나님을 따라서 거룩하게 살게 하시고 깨끗한 생활을 하기 위해 힘쓰게 하옵소서. 술과 담배를 끊지 못하여 이중적인 생활을 하고 부끄러워하는 일이 계속되지 않게 하옵소서.
　자비하신 하나님, 재앙과 분쟁이 술 취한 자에게 있고 근심과 분쟁 그리고 원망이 술에 잠긴 자에게 있으니 붉은 잔에서 번쩍이는 술을 보지도 말게 하시고 현혹되지 않도록 그 마음을 다스려 주옵소서. 악한 것은 그 모양이라도 버리라는 말씀에 순종하게 하시고 오직 주님만을 섬기는 데 부지런하게 하옵소서. 배부르지 않는 것을 위하여 은을 달아주지 말게 하시고, 허탄한 일을 위하여 시간과 재물을 낭비하지 않게 하옵소서.
　이 형제가 남의 유익과 하나님의 영광을 위하여 힘써 노력하고 봉사할지언정 자신의 향락이나 취하는 일이나 공연한 구습에 젖어서 세월을 낭비하지 않게 하옵소서.
　예수님의 이름으로 기도 드립니다. 아멘

19. 가족이 믿으니 함께 구원받을 것이라는 사람

"주 예수를 믿으라 그리하면 너와 네 집이 구원을 받으리라"고 하신 하나님! 이 형제에게 믿는 가족을 주신 것을 감사 드립니다. 하나님, 이 형제에게 구원은 하나님과 나와 일대 일의 관계 속에서 이뤄지는 것임을 알게 해주옵소서. 우리가 심판대 앞에 설 때는 홀로 서게 되는 것도 알게 해주옵소서.

이 형제가 물과 성령으로 거듭나는 진리를 알도록 감화시켜 주시고, 이 신령한 진리를 터득하여 새롭게 지음받은 존재가 되게 하옵소서. 예수 그리스도를 다른 사람의 구주가 아닌 나의 구주로 고백하게 하옵소서. 경건하여 온 집안과 더불어 하나님을 경외하며 백성을 많이 구제하고 하나님께 항상 기도하던 백부장 고넬료를 기억합니다. 이 형제가 고넬료와 같이 귀한 믿음으로 앞장서서 가족의 신앙생활을 이끌어 나가게 하옵소서. 가족의 믿음에 의지하는 것이 아니라 가족이 이 형제를 통해 믿음을 갖게 하시고 그 믿음이 날로 굳건해지게 하옵소서.

가족이 믿으니 함께 구원받을 것이라고 생각하고 있다가 심판의 날에 가족은 구원받고 이 형제는 구원받지 못하는 일이 없게 하여 주옵소서. 이땅에서도 영적인 결손가정으로 지내고 영적인 세계에서도 이산가족이 되는 불행을 겪지 않게 하옵소서.

심판의 날에 두 사람이 밭에 있다가 한 사람은 데려가고 한 사람은 버려둠을 당할 것이며 두 여자가 맷돌질을 하고 있으매 한 사람은 데려가고 한 사람은 버려둠을 당할 것이라 말씀하신 주님, 이 형제가 버려둠을 당하는 불행한 사람이 되지 않게 하옵소서.

우리들의 구주가 되시는 예수님의 이름으로 기도 드립니다. 아멘

20. 믿는 특정인을 보고 교회 안 나가겠다는 사람

자비로우신 하나님 아버지!

하나님을 바라볼 때마다, 하나님이 이 세상에서 하신 일들을 살필 때마다 하나님만이 우리의 모범이 되시고 믿고 따라야 할 존재임을 깨닫고 감사를 드립니다. 많은 사람들이 주님께서 보여 주신 모범을 통해 신앙의 길로 들어서고 있는 역사가 계속해서 일어나고 있음을 저희들이 보고 듣습니다.

하나님, 이 형제가 믿는 특정인을 보고 교회에 안 나가겠다고 하는데 그 특정인을 보기에 앞서서 하나님을 보게 해주옵소서. 이 형제를 사랑하셔서 십자가의 고통을 겪고 승리하신 주님의 모습을 바라보며 시험을 이기게 하옵소서. 이 형제의 눈이 오직 하나님께만 고정되게 해주옵소서. 또한 하나님, 타인의 모습을 보기에 앞서서 자신을 먼저 살필 수 있는 지혜도 주옵소서. 남의 허물과 잘못이 많은 것처럼 나도 실수와 죄가 많고 큼을 깨닫게 하옵소서. 사랑과 이해의 눈으로 타인을 보게 하옵소서.

하나님, 성도들이 말과 행실에서 성실함과 진실함을 보여 하나님을 믿기 원하는 사람들에게 걸림돌이 되지 않게 하여 주옵소서. 오히려 성도들의 신실한 언행 때문에 교회에 나오겠다고 하는 사람들이 많아지게 하옵소서.

이 형제에게 걸림돌이 되고 있는 특정 성도의 언행이 모범 되고 덕이 되는 것으로 변화되게 하옵소서. 이 형제가 사람만 바라보지 말고 하나님을 바라보며 사는 가운데 예수 그리스도를 통하여 변화되고 새사람 되기를 원하오니 도와주옵소서.

인류의 모범이 되시는 예수님의 이름으로 기도 드립니다. 아멘

21. 생명공학의 발전을 보니 하나님이 없다 하는 사람

지혜의 근원이신 하나님!

사람들에게 지혜를 주셔서 과학이 날로 발달하여 생활이 편리해지게 하시고 의학이 날로 발달하여 질병을 이기게 하시니 감사합니다. 이 지혜는 하나님이 주신 것임을 알고 하나님께 감사를 드리게 하시고 하나님께 겸손하게 하옵소서. 또한 이 지혜는 하나님의 영광을 위해 사용해야 되는 것임을 알고 바로 사용하게 해주옵소서. 하나님께서 욥에게 하신 "가슴 속의 지혜는 누가 준 것이냐"(욥 38:36)는 질문을 늘 기억하게 해주옵소서.

하나님, 생명공학이 발전할수록 생명의 존엄함을 깊이 깨닫게 하시고 창조의 신비 앞에 머리를 숙이게 하여 주옵소서. 생명공학자들이 넘지 않아야 할 한계를 넘지 말게 하시고 지켜야 할 윤리를 지키게 하옵소서.

생명공학이 발전하는 것을 보고 이제 하나님의 할 일이 없어졌고, 하나님의 영역이 무너져서 사람이 모든 것을 다 할 수 있게 되었다는 어리석은 생각을 버리게 하여 주옵소서. 그런 무지한 생각은 못하실 일이 없는 하나님을 진노하게 하는 일이라는 것을 알게 하여 주옵소서.

예전에 소련이 첫 우주선을 발사했을 때 우주인이 우주를 돌아다니며 하나님을 만나려 하였으나 만나지 못했다며, 하나님은 계시지 않는다고 교만한 소리를 하였습니다. 그러나 하나님은 변함없이 우주만물을 지배하고 계시고 소련은 해체되고 가난한 나라가 되었습니다. 하나님 앞에 끝없이 겸손한 저희가 되게 해주옵소서.

생명의 창조자이신 예수님의 이름으로 기도 드립니다. 아멘

22. 교회의 나쁜 평판 때문에 못 나가겠다고 하는 사람

하나님께서 온전하신 것과 같이 너희도 온전하라고 하신 하나님! 저희들이 온전하지 못하여 교회에 대한 나쁜 평판이 퍼지는 일이 많음을 하나님께 송구스러워하며 저희들의 부족을 고백합니다. 부끄러운 사건이 일어나는 곳에 기독교인들이 개입되어 있는 일이 많았고 교회와 기독교 기관들이 사회에 물의를 일으키는 일도 많았습니다.

하나님, 이 형제가 믿고 싶어하면서도 교회에 대한 나쁜 평판 때문에 나가기가 주저된다고 말합니다. 이 형제에게 깨우침을 주옵소서. 교회가 과거에는 이 나라를 위해서 개화와 민족운동과 민주화 운동에 앞장섰던 것을 알게 하여 주옵소서. 지금도 구제와 사회의 그늘진 곳을 비추는 일과 통일과 사람들이 바른 가치관을 갖도록 하는 일에 앞장서고 있음을 보게 하여 주옵소서.

교회도 부족한 인간들의 모임이기 때문에 허물로 인해 나쁜 평판을 받을 수도 있으나 그것이 교회의 본래 모습도 아니고 전부도 아닌 것을 알게 해주옵소서. 또 그중에는 교회라고는 하지만 건전하지 못한 단체들 때문에 교회가 피해를 보고 있는 경우도 많음을 알게 하시고, 그러한 교회들과 구별할 수 있는 지혜를 허락해 주옵소서. 또한 사실을 확인하지도 않고 그저 퍼지는 소문에 무분별하게 휩쓸리지 않게 하시고, 교회에 와서 교회가 사랑과 소망의 공동체인 것을 확인하고 이 공동체의 일원이 되게 해주소서.

하나님, 목적지로 가는 길이 하나일 때는 험하더라도 그 길로 갈 수밖에 없습니다. 구원과 영생으로 가는 길은 교회 하나뿐인 것을 사람들이 알게 해주옵소서.

길이요 진리요 생명이신 예수님의 이름으로 기도 드립니다. 아멘

VI. 교회직분자를 위한 심방기도

I. 목 사

필요한 때에 필요한 일꾼들을 세우시는 사랑의 아버지 하나님!
목사의 직분을 가지고 하나님을 섬기는 종들을 위해 기도하게 하시니 감사합니다. 이땅 위에 많고 많은 일들 중에서도 주의 사업을 맡은 종들을 지켜 주옵소서.
목사의 길은 사람의 마음대로 가는 길이 아니라 하나님께서 친히 부르시고 인도하셔서 가는 길이라는 것을 알게 해주옵소서. 목사님들이 세상적인 것에는 눈을 멀게 하시고 유혹의 손길을 단호히 물리칠 수 있는 용기를 주옵소서. 솔로몬에게 주셨던 지혜를 주시되 경건도 함께 주옵소서. 삯군 목자가 아니라 선한 목자, 경건한 목자, 진실한 목자가 되게 하옵소서.
다메섹 도상에서 변화된 바울 같은 종, 입술은 둔했으나 출애굽의 대역사를 이룩한 모세 같은 종, 의심이 많았으나 확신에 가득 찬 제자가 된 도마와 같은 종들이 되게 해주옵소서. 목사의 길은 고난의 길이오나 "현재의 고난은 장차받을 영광과 족히 비교할 수 없도다"라고 한 바울의 고백을 생각하며 참고 이기게 하옵소서.
목사님들이 담임하고 있는 목장에 푸르름이 있게 하시고, 빨리 부흥되지 않는다 할지라도 참고 견디며, 인내하며 소망을 갖고 충성하는 신실한 종들이 되게 하옵소서. 메마른 세상을 향하여 주님의 사랑을 외치게 하옵소서. 주님의 완전한 사랑을 충만히 받아서 증거하게 하옵소서. 그래서 이땅 위에 주님의 사랑이 꽃피우게 하옵소서. 땅끝까지 이르러 내 증인이 되리라고 하신 주님의 말씀에 순종하여 이땅 위에 진정한 주님의 나라가 이루어지게 하는 귀한 일꾼들이 되게 하옵소서.
목자장이신 예수님의 이름으로 기도 드립니다. 아멘

2. 장 로

지도자들을 존경하라고 하신 하나님 아버지!
누구보다도 값 있고 귀한 장로의 직분을 맡은 이들을 위해 기도하게 하시니 감사합니다. 장로님들이 생활과 신앙에서 모범을 보이게 해주옵소서. 장로의 권리를 주장하고 대접을 받으려 하기에 앞서, 의무와 책임을 먼저 생각하게 해주옵소서. 보다 더 겸손하고 충성된 장로로서 책임을 감당할 수 있는 은혜를 부어 주옵소서. 먼훗날 하나님의 심판대 앞에 섰을 때 '착하고 충성된 종아!' 하는 칭찬을 듣게 해주옵소서.

자신의 명예와 체면과 위신을 위해 일하지 말게 하옵시고, 하나님을 위해 감사하면서 충성을 다하게 해주옵소서. 주의 종인 목사님을 더욱 잘 섬기고 협력하게 하여 주옵소서. 주의 종이 잘못한다고 생각될 때, 주의 종을 위해 기도하며 내조할 수 있는 장로가 되게 하여 주옵소서. 장로는 모든 이들을 섬기며 봉사하는 직임임을 늘 잊지 말게 하옵시고 깨어 기도하는 장로가 되게 하옵소서.

사회에서도 인정받고 존경받게 하옵소서. 사회의 많은 직분과 직책보다 장로의 직분을 더 소중히 여기게 하옵소서. 가정에서도 모범을 보이고 지역사회에서도 지도자가 되어 이웃을 이끌어가게 하옵소서.

장로님이 교회에서 맡은 직무를 잘 감당할 수 있는 지혜와 능력을 더하시며 시대에 뒤떨어지지 않게 하시고 세대간의 격차도 극복하고 각 계층의 의견도 잘 수용하며 조화를 이루게 해주옵소서.

성도들은 장로님의 수고에 감사 드리며 장로님의 지도를 받아 이 교회를 부흥시키는 일에 힘을 합하게 하옵소서.

예수님의 이름으로 기도 드립니다. 아멘

3. 집 사

일꾼을 부르시는 하나님!

바울 사도의 "나를 능하게 하신 그리스도 예수 우리 주께 내가 감사함은 나를 충성되이 여겨 내게 직분을 맡기심이니"라는 고백을 생각하며 집사님들을 위해 기도 드립니다.

하나님, 집사의 직분을 맡은 이들이 초대교회의 일곱 집사처럼 성령과 지혜가 충만하여 칭찬받는 사람들이 되게 하소서. 충만한 믿음도 주옵소서. 스데반이나 빌립처럼 주님을 바라보며 죽기까지 전도하게 하시고, 교회 성장의 일익을 온전하게 담당하게 해주옵소서. 니골라는 집사로 선택받았으나 나중에는 이단이 되었는데 집사님들 가운데 그와 같이 잘못된 길로 들어서는 이가 없게 하여 주옵소서. 또한 집사로서 갖추어야 할 인격을 잘 갖추어 단정하고 일구이언을 하지 않으며, 더러운 이를 탐하지 않고, 깨끗한 양심에 믿음의 비밀을 가진 자가 되게 해주옵소서.

주님께서 인류를 위한 구속사업을 완성하시고 다시 하나님 우편으로 승천하시면서 "하늘과 땅의 모든 권세를 내게 주셨으니 그러므로 너희는 가서 모든 족속으로 제자를 삼아 아버지와 아들과 성령의 이름으로 세례를 주고 내가 너희에게 분부한 모든 것을 가르쳐 지키게 하라"고 하신 말씀에 순종하는 집사님들이 되게 해주옵소서. 복음을 좀더 자신있고 힘있게 증거하기 위해 집사님들에게 성령을 충만하게 주시고 또 말씀의 지혜가 충만히 해주옵소서.

집사님들이 주님의 형상을 닮아 모범 되게 행동함으로 집사의 직분을 잘 감당할 수 있도록 도와주시고, 주님의 소원을 이루어 드리는 귀한 존재들이 되게 해주옵소서.

예수님의 이름으로 기도 드립니다. 아멘

4. 권 사

모든 지혜로 서로 가르치며 권면하고 시와 찬송과 신령한 노래를 부르며 감사하는 마음으로 하나님을 찬양하라고 하신 하나님!

권사의 직분을 받은 분들이 "그리스도 안에 무슨 권면이나 사랑에 무슨 위로나 성령의 무슨 교제나 긍휼이나 자비가 있거든 마음을 같이하여 같은 사랑을 가지고 뜻을 합하며 한마음을 품어 아무 일에든지 다툼이나 허영으로 하지 말고 오직 겸손한 마음으로 각각 자기보다 남을 낫게 여기고, 각각 자기 일을 돌볼뿐더러 또한 각각 다른 사람들의 일을 돌아보아 나의 기쁨을 충만케 하라"고 하신 말씀을 기억하게 해주옵소서. 몸을 희생하사 인류의 죄를 사하신 주님을 본받아 교회의 부흥과 나라의 장래를 위해 희생의 제물이 되는 권사님들이 되게 해주옵소서.

촛불처럼 이들의 몸을 기도하는 데에 태우게 해주옵소서.

소금처럼 이들의 몸을 기도하는 데에 녹이게 해주옵소서.

그래서 죄로 캄캄하고 부패해져가는 현실 속에 뛰어들어가 빛과 소금이 되는 권사님들이 되게 해주옵소서. 권사님들 가운데는 신앙의 모범을 보이는 분들이 많습니다. 기도의 특권으로 능력의 사람들이 되게 해주옵소서. 너그러운 마음으로 권고하고 격려하는 일에 힘쓰는 권사님들이 되게 해주옵소서.

바나바가 권고하고 위로하는 일에 모범을 보여 권위자(勸慰者)라는 이름을 갖게 된 것을 본받게 하여 주옵소서. 권사님들에게 신령한 지혜와 총명을 풍성히 주시고 교회 안에서 지도자의 역할을 바로 수행할 수 있는 은사를 더하시어 항상 이해와 사랑으로 기도하게 해주소서.

예수님의 이름으로 기도 드립니다. 아멘

5. 구역장

거룩하신 하나님!

바라옵기는 구역장의 직무를 맡은 이들이 이 직무를 귀하게 여겨 죽도록 충성하는 가운데 하나님의 뜻을 이루게 해주옵소서.

구역장님들에게 이 직무를 잘 감당할 수 있는 건강과 능력과 열심을 주옵소서. 구역장의 직분을 처음 맡았을 때보다 구역의 식구가 줄어드는 일이 없게 해주옵소서. 놀랍도록 늘어나게 하여 주옵소서. 다섯 달란트 받은 종과 같이 "잘 하였도다 착하고 충성된 종아 네가 작은 일에 충성하였으매 내가 많은 것으로 네게 맡기리니 네 주인의 즐거움에 참예할지어다" 하는 칭찬을 받게 하옵소서.

이 모든 일을 위하여 성령의 도우심이 필요합니다. 건강한 두 다리로 집집마다 찾아다닐 수 있도록 뼈마디에 힘을 허락하여 주옵시고, 가고 오는 길을 지켜 주옵소서. 구역장님들의 입술에 위로의 말씀을 주옵시고, 평강의 기도를 담아 주옵소서.

무엇보다도 구역장 자신이 먼저 구원의 감격을 잊지 않게 하여 주옵소서. 날이면 날마다 자신을 쳐서 복종시키며 증인의 삶을 살게 해주옵소서.

하나님, 구역의 성도들이 다툼과 허영 속에서 살지 않도록 잘 지도하는 구역장이 되게 하여 주옵소서. 오직 성령의 띠로 하나 되게 도와주시고, 서로를 사랑하며 위로하고 인내하는 믿음의 식구들이 되게 해주옵소서.

맡은 구역 안에서 불신자들에게 복음을 잘 전하는 선교사의 사명도 잘 감당하게 하옵소서. 구역장님들에게 권능을 주시고 착하고 신실한 종들이 되게 하옵소서.

예수님의 이름으로 기도 드립니다. 아멘

6. 권 찰

늘 우리 곁에 계셔서 연약할 때 강하게 해주시고, 낙심될 때 용기 주시며, 두려워할 때 평안을 주시는 하나님! 지금도 살아계셔서 우리를 위해 일하심을 감사 드립니다.

하나님, 권찰의 직무를 맡은 이들이 아직도 살아계신 하나님을 발견하지 못한 이웃과 형제들을 찾아가 좋으신 하나님을 소개하는 일에 더 열심을 내게 해주옵소서.

불안과 공포에 싸여서 떨고 있는 자들에겐 기쁨과 용기를 그리고 낙망에 빠져 있는 자들에겐 소망을 안겨 주는 권찰이 되게 해주옵소서. 아골 골짝 빈들이라도, 소돔 같은 거리라도 주님 가라고 명하시면 찾아가 사랑의 하나님께서 주시는 평화와 소망의 말씀을 선물로 주고 돌아오게 해주옵소서.

"내가 끝날까지 너희와 함께 하겠다"고 약속하신 예수님께서 권찰님의 형편과 사정을 살피셔서 주님을 섬기며 봉사하는 데 어려움이 없게 하옵시고 능력의 오른팔로 굳게 잡아 주셔서 흔들리지 않는 견고한 믿음과 건강을 주옵소서.

하나님, 전파하는 자가 없으면 들을 수가 없습니다. 권찰님들의 수고를 통해서 복음을 듣지 못해 구원받지 못하는 이들이 없게 해주옵소서. "아름답도다 좋은 소식을 전하는 자들의 발이여" 하신 주님, 저들의 발이 더욱 아름답게 하옵소서. 권찰들의 아름다운 발을 통해 이땅 위에 구원의 기쁜 소식이 널리 퍼지게 하옵시고, 하늘나라가 넓어지게 하옵소서. 이들이 북한 땅에 가서 전도할 수 있는 날도 속히 허락해 주옵소서.

전도의 사명을 가장 귀하게 여기시는 예수님의 이름으로 기도 드립니다. 아멘

7. 교 사

이 세상에 계실 때 전도와 치유와 교육의 사역을 하신 하나님!

가르치는 직무를 맡은 교사들이 먼저 이 직무가 얼마나 귀중한 것인지를 깨달아 알게 해주옵소서. 예수님의 교육방법을 본받아 가르치는 사명을 잘 감당하는 교사들이 되게 해주옵소서.

교사들이 먼저 구원의 확신을 갖고 중생의 교리를 확실하게 가르칠 수 있는 교사 되게 하셔서 구원 문제를 해결하지 못한 사람들이 구원의 확신을 갖도록 해주옵소서. 또한 말로 가르치기에 앞서서 행동으로 그들에게 진리를 보여 주는 교사가 되게 하여 주옵소서.

교사의 모범이 되시는 주님, 교사들이 예수님의 인격을 본받게 해주옵소서. 어두움을 비추시는 주님의 빛이 교사들을 통하여 구석진 곳, 아직도 어두움의 그늘 속에 허우적거리는 이들에게 비춰게 해주옵소서.

"그러므로 너희는 가서 모든 족속으로 제자를 삼아 아버지와 아들과 성령의 이름으로 세례를 주고 내가 너희에게 분부한 모든 것을 가르쳐 지키게 하라"고 하신 주님의 이 지상명령을 교사들이 앞장서서 순종하게 하소서. 또한 맡은 직무를 감당하는 데 필요한 성경 지식과 잘 가르치는 방법들을 풍족하게 주옵소서. 예수님처럼 어린 영혼을 위해 간절히 기도하게 하시고, 학생들을 위로하고 돌보는 은사를 주옵소서. 참다운 그리스도인들로 바르게 육성할 수 있는 능력을 주옵소서.

백지와 같은 어린 영혼들 위에 구원과 그리스도의 인격을 아름답게 그리는 영혼의 화가들이 되게 하옵소서.

교사 가운데 교사이신 예수님의 이름으로 기도 드립니다. 아멘

8. 성가대원

찬양을 받으시기에 합당하신 하나님 아버지!

성가대원의 귀한 직무를 맡은 이들을 위해 기도하게 하옵소서. 하나님, 성가대원들의 찬양을 통해 영광받으옵소서. 성가대원들이 감격과 감사로 찬양하게 해주옵소서. 성가대원의 직무가 얼마나 귀중한 것인지를 깨닫게 해주옵소서.

성가대원들에게 구원의 확신과 기쁨을 주시고, 그 확신과 기쁨이 찬양으로 표현되게 하옵소서. 성가대원들의 입술을 주관하셔서 기쁨을 노래하며, 은혜를 즐거워하는 찬양의 샘물로 삼아 주옵소서.

주님께서 탄생하셨을 때 수많은 천군이 그 천사들과 함께 "지극히 높은 곳에서는 하나님께 영광이요 땅에서는 기뻐하심을 입은 사람들 중에 평화로다" 찬양했는데 성가대원들이 그와 같은 마음으로 찬양하게 해주옵소서.

새로운 믿음, 새로운 마음으로 부르는 노래가 새 노래이오니 이들이 새 노래로 찬양하게 하여 주옵소서. 주여, 이들의 믿음을 새롭게 하여 주시고 마음이 늘 새로워지게 하여 주옵소서.

이들이 부르는 찬양이 자신들의 신앙고백이 되게 하시고, 곡조가 붙은 기도가 되게 하여 주옵소서.

또한 이들이 성가대원의 직무를 수행하는 데 필요한 음악적인 기량을 수련하는 일에도 열심을 내게 해주옵소서.

성가대원들 사이에 긴밀한 교제를 허락하시고, 그 교제를 통해서 더욱 아름다운 화음이 이뤄지게 하옵소서.

예수님의 이름으로 기도 드립니다. 아멘

9. 교회직원

하나님 아버지!

교회를 섬기는 직책을 맡은 이들이 그 직책을 성실하고 충성스럽게 감당하게 해주옵소서.

교회의 궂은 일이나 좋은 일이나 무슨 일을 하든지 기쁜 마음으로 하게 해주옵소서. 불평하는 일을 멀리 하게 해주옵소서. 원망하는 일이 없게 해주옵소서. 어려운 일을 자원해서 할 수 있게 하여 주옵소서.

안으로는 주의 종들과 불화가 없게 하시고, 성도들에게는 미소와 친절로 대하게 하시며, 찾아오는 방문객들에게도 외모로 판단하여 대하지 않게 해주옵소서. 모든 이에게 그리스도의 향기를 발할 수 있도록 도와주옵소서.

세상의 그 어떤 일보다도 이 일이 귀중한 것임을 알게 하여 주옵소서. 이 일을 할 수 있는 것을 특권으로 여기게 하여 주옵소서. 세상의 기준과 방법으로 교회의 일을 하지 않고 은밀한 가운데 하나님과 의논하며 하나님께서 기뻐하시는 방법으로 맡겨진 일을 감당하게 하옵소서. 이 일을 위해 기도를 많이 하게 해주옵소서.

절약에 힘쓰게 하시고 비품들과 성구들은 정성을 다해 관리하게 하옵소서. 빈틈이 없게 하시고 직원들 간에 아름다운 협력과 이해가 있게 하여 주옵소서. 굳건한 마음과 신실한 마음을 주옵소서.

무엇보다도 사람 앞에 하듯 하지 말고 하나님 앞에서 하듯 하게 해주옵소서. 이들의 봉사를 통해 하나님의 몸된 교회가 예배와 선교와 봉사의 사명을 힘있게 이뤄나가게 하옵소서.

예수님의 이름으로 기도 드립니다. 아멘

10. 사 찰

은밀한 봉사를 기뻐하시는 하나님 아버지!

사찰의 직무를 맡아 수고하고 있는 분들이 "주의 궁정에서 한 날이 다른 곳에서 천 날보다 나은즉 악인의 장막에 거함보다 내 하나님 문지기로 있는 것이 좋사오니"라는 말씀을 묵상하며 교회를 섬길 수 있도록 인도해 주옵소서.

하나님, 사찰의 직분을 맡은 분들이 하나님 앞에서 언제나 꾸밈이 없고 거짓이 없는 일꾼으로 수고하게 하심을 감사 드립니다. 보이지 아니하는 하나님을 보는 것과 같이 하며 예배당 안팎을 청소할 때마다 남이 모르는 기쁨이 있게 해주옵소서.

정성을 다하여 교회의 기물들을 정리하고 관리하여 교회에 드나드는 성도들이 질서 있는 모습을 보게 하여 주옵소서. 무거운 마음으로 기도하기 위해 찾아온 성도들이 사찰님의 손에 의해 꾸며지고 정리된 교회에 들어와 기도할 때, 모든 근심 걱정이 사라지고 하늘에서 내려오는 주님의 평화를 맛볼 수 있게 해주옵소서.

교회당을 찾아온 사람들이 사찰님의 수고를 통해 정결함과 질서 있는 모습을 보고 감동을 받게 하여 주옵소서.

또한 교회를 지킬 때 화염검을 든 천사가 함께함으로 위험한 일이 없게 하여 주옵소서. 사찰님의 가족들도 기쁜 마음으로 협력하며 함께 수고할 때 그 가정에 복을 내려 주옵소서.

남이 알게 모르게 여러 곳에서 봉사하는 사찰님의 노고가 하늘나라에 상달되어 그곳에 갈 때에 영원한 상급이 저희들의 위로가 되게 해주옵소서.

예수님의 이름으로 기도 드립니다. 아멘

II. 교육전도사

이 세상에 계실 때 가르치는 일에 무엇보다도 힘쓰신 하나님!

이 자리에 함께한 이분에게 교육전도사의 귀한 직분 주신 것을 진심으로 감사 드립니다. 하나님, 이 직분이 얼마나 귀중하며 얼마나 영광스러운 것인지 늘 잊지 않는 은총을 허락해 주옵소서.

하나님께서 이 전도사님에게 맡기신 어린이들 가운데는 장래 인류와 민족의 운명에 큰 영향을 미칠 어린이들도 있음을 알게 해주옵소서. 또한 어린 시절에 복음을 잘 가르치는 일은 그 어린이의 일생을 결정짓는 일임을 알게 해주옵소서. 어린 예수를 가르치던 나사렛 회당의 무명의 교사가 된 마음으로 가르치게 하여 주옵소서. 모세 어머니의 신앙교육이 애굽 왕실의 교육을 이긴 것을 기억하며 모세의 어머니가 된 마음으로 가르치게 하옵소서.

나를 믿는 작은 자 중 하나를 실족하게 하면 연자 맷돌이 그 목에 달려서 깊은 바다에 빠뜨려지는 것이 낫다고 하신 하나님, 이 전도사님이, 가르치는 일이 이땅 위에 하늘나라가 확장되는 일임을 알게 해주옵소서.

우리에게 주신 은혜대로 받은 은사가 각각 다르다고 하신 하나님, 이 전도사님이 가르치는 은사를 받은 것에 감사하며 정성을 다해 가르치게 하옵소서. 가치관이 변하는 때에 어린이들에게 변하지 않는 믿음을 가질 수 있도록 잘 가르치게 하옵소서. 새로운 교육방법도 잘 익히게 해주옵소서. 자기 중심이 아니라 어린이들 중심으로 준비하고 가르치게 하옵소서. 눈높이를 어린이들에게 맞추게 하옵소서. 무엇보다도 예수님이 구세주인 것을 가르치게 해주옵소서. 맡고 있는 어린이들에게 평생의 은사로 기억되게 해주옵소서.

영원한 스승이신 예수님의 이름으로 기도 드립니다. 아멘

12. 심방전도사

좋은 소식을 전하는 자들의 발이 아름답다고 하신 하나님!
이분을 심방전도사로 세우시어 그와 같이 아름다운 발의 소유자가 되게 하심을 감사 드립니다.

하나님! 전도사님이, 믿음이 흔들리는 가정을 심방할 때면 그 가정의 믿음이 반석 위에 올라서게 하여 주옵소서. 교회에 자주 빠지는 가정을 심방하면 그 가정이 변하여 교회의 모든 집회에 빠지지 않고 참석하는 역사가 일어나게 하옵소서. 슬픔을 당한 가정에는 위로의 메시지를 들고, 수험생이 있는 가정에는 지혜의 메시지를 들고 심방하게 해주옵소서.

심방할 때마다 그 가정에 가장 합당한 말씀을 이 전도사님의 입술에 담아 주옵소서. 심방 가기 전 그 가정을 위해서 기도할 때 심방받는 이들의 마음문이 열리게 하옵소서. 심방을 다녀와서 다시 기도할 때 그 가정에 선포한 말씀이 그대로 이뤄지게 하옵소서.

또한 성도들의 사정을 교역자에게 바르게 전달하여 목회에 큰 도움이 되게 하여 주옵소서. 입술에 파수꾼을 세우셔서 말을 옮기는 일이 없게 하옵소서. 성도들의 비밀은 끝까지 지키게 해주옵소서.

하나님, 아침부터 저녁까지 복잡한 거리를 헤치며 심방할 때 피곤하고 또 어려운 일도 만나게 됩니다. 아파트 경비원들이 출입을 제지하는 일도 있을 것입니다. 주님이 늘 함께하여 주옵소서.

하나님 아버지, 이 전도사님이 루디아 같은 종이 되고, 겐그리아 교회의 뵈뵈와 같은 종이 되게 하여 주옵소서. 하늘나라의 그 이름 밑에 많은 상급이 기록되게 해주옵소서.

잃은 양을 찾기 원하시는 예수님의 이름으로 기도 드립니다. 아멘.

Ⅶ. 직업인을 위한 심방기도

심방시 필요한 말씀요약

1. 경제인 (눅 12:33~34 / 278·483)

제목: 물질을 하나님의 뜻대로 사용
1) 십일조는 하나님의 창고에 들여 놓으라 하셨습니다.
2) 주를 위해 버린 자는 하나님께서 갚아 주십니다.
3) 이웃을 위해 쓸 때 범사에 축복해 주십니다.

2. 공무원 (마 25:21 / 372·378)

제목: 매일매일의 작은 충성
1) 제일 중요한 시간은 현재요, 제일 중요한 사람은 현재 대하고 있는 사람이요, 제일 중요한 일은 그 사람에게 선을 행하는 것이라고 톨스토이는 말했습니다.
2) 주님은 작은 일에 충성하며 평범한 데서 만족하는 삶을 요구하십니다.

3. 기술자 (고전 10:13~33 / 410·483)

제목: 우리가 수고하는 목적
1) 많은 사람의 유익을 구하려고 수고함이 마땅합니다.
2) 많은 사람의 유익은 그들의 구원입니다.
3) 우리의 수고로 이웃들이 구원에 이르도록 힘쓰기 바랍니다.

4. 농부 (갈 6:6~10 / 309·310)

제목: 무엇을 심든지 그대로 거두리라
1) 종자가 좋아야 합니다.(믿음의 씨앗)
2) 재난의 건너편에는 은총의 유익이 있습니다.
3) 사고 중에도 함께하시는 하나님의 보호를 의지하십시오.

5. 상인 (마 13:44~45 / 102·543)

제목: 보화를 찾으라
1) 복은 꾸준히 일하는 사람에게 주어집니다.
2) 확신과 인내력을 가지고 노력해야 합니다.
3) 하나님과 동업할 때 값비싼 대가를 지불받게 됩니다.

6. 운전기사
(요 11:38~44 / 273·275)

제목: 모든 일의 주관자 되신 주님
1) 죽음과 생명 사이는 아주 가까운 것입니다.
2) 천국과 지옥은 한집 울 안에 있습니다.
3) 내 생활이 천국 되게 해야겠습니다.

1. 건축업자

너희의 지극히 거룩한 믿음 위에 자기를 건축하라고 하신 하나님! 사람들의 삶에서 기초가 되는 집과 건물들을 짓는 일을 하고 있는 이 성도를 축복해 주옵소서. 부실공사가 사회 문제로 되고 있는 이때에 이 성도의 손을 거친 건축물들은 튼튼하고 편리한 것으로 널리 알려지게 해주옵소서. 그래서 많은 주문을 받게 하여 주옵시고 또 좋은 직원들을 주시며 우수한 협력업체들을 주옵소서.

현장의 안전을 지켜 주셔서 한 건의 사고도 없게 하여 주옵소서. 요즘 건축을 하려면 민원문제로 어려움을 겪는데 민원이 일어나지 않게 해주옵소서. 또한 민원을 제기하는 사람이 있으면 양보하고 인내하며 잘 설득하게 하여 주옵소서.

보이는 부분도 성실하게 짓지만 보이지 않는 부분들을 더욱 성실하게 짓게 해주옵소서. 설계자가 기대한 것 이상으로 아름다운 건축물이 이 성도의 손을 통해서 이뤄지게 하옵소서. 성도는 각 분야에서 자기가 맡은 일을 성실하게 함으로 하나님을 증거하고 하나님께 영광 돌림이 본분이온데 이 성도는 건축가의 일을 통해서 하나님께 영광 돌리게 하옵소서.

이 성도가 건축한 집들이 안락한 휴식공간이 되게 하시고 이 성도가 건축한 건축물에서 사람들이 예수님의 향기를 맡게 하여 주옵소서. 맡은 건축물에 보이지 않는 십자가를 다는 심정으로 이 일을 하게 해주옵소서.

하나님의 말씀을 듣고 행하는 자는 그 집을 반석 위에 지은 지혜로운 사람 같다고 하신 말씀을 늘 기억하게 하여 주옵소서.

머릿돌이 되시는 예수님의 이름으로 기도 드립니다. 아멘

2. 경제인

사람의 재능에 따라 적합한 길로 인도하시는 하나님 아버지!
이 성도가 경제계에서 수고하게 하심을 감사 드립니다. 요셉에게 애굽의 칠 년 흉년을 잘 해결할 수 있는 능력을 주신 주님, 이 형제에게도 같은 능력을 주옵소서. 사람들로부터 하나님의 영에 감동된 유능한 경제인이라는 칭찬을 듣게 해주옵소서.
하나님, 경제 형편이 세계적으로 점점 악화되어 가고 있습니다. 그런 가운데서 우리나라 경제계가 건실하게 발전할 수 있는 방책을 이 성도에게 깨우쳐 주옵소서.
하나님, 이 성도가 청지기 의식을 더욱 분명히 갖게 해주옵소서. 우리 모두는 재물에 대해서 주인이 아니라 관리의 책임을 맡은 청지기임을 알게 해주옵소서.
또한 이 성도에게 바른 물질관을 허락하여 주옵소서. 물질은 살아가는 데 필요한 수단이지 삶의 목표가 될 수 없음을 알게 하여 주옵소서. 허락받은 물질을 가지고 하나님께 영광을 돌리는 것이 사람의 본분인 것을 알게 하여 주옵소서.
하나님, 이 성도가 공정한 분배에 힘쓰는 경제인이 되게 하여 주옵소서. 우리나라가 수익을 올리는 일에만 힘쓰고 공정한 분배에 힘쓰지 않은 결과가 노사간의 갈등으로 나타난 일을 기억하게 하여 주옵소서. 또한 환경보존에도 힘쓰게 해주옵소서. 경제발전을 위해서 환경을 파괴해도 좋다는 생각을 갖지 않게 해주옵소서.
이 성도가 경영하는 사업이 날로 창대하게 하옵소서. 이삭이 겸손과 양보로 농사지을 때 창대하고 왕성하여 거부가 된 일을 기억하오니 이 성도에게 같은 축복을 베풀어 주옵소서.
예수님의 이름으로 기도 드립니다. 아멘

3. 경찰관

사랑과 공의의 하나님 아버지!

이 성도가 국민을 섬기는 경찰관으로 수고하게 하심을 감사 드립니다. 이 성도와 또한 동료 경찰관들의 수고로 말미암아 사회의 질서가 바로잡히고 저희들이 안심하고 생업에 종사하게 됨을 감사 드립니다.

하나님, 이 성도가 경찰 안의 여러 분야를 거치며 일할 때에 그 분야에서 인정받는 우수한 경찰관이 되게 해주옵소서. 경찰계의 빛과 소금 같은 존재가 되게 하여 주옵소서. 무엇보다도 공정하고 친절한 성품을 주셔서 이 성도를 대하는 사람들이 감동받게 하여 주옵소서. 심지어는 처벌받는 범법자들도 이 성도에게 감사한 마음을 가질 수 있도록 그에게 사랑의 손길을 허락해 주옵소서. 백부장 율리오가 사도 바울을 친절하게 대한 것처럼 모든 사람을 대하게 해 주옵소서.

경찰관으로 일할 때 유혹도 많이 받겠사오나 단호하게 물리치게 하시고 위험한 일을 만날 때 안전을 지켜 주옵소서. 격무를 감당할 수 있는 건강을 주옵소서. 겸손의 제복을, 온유의 허리띠를, 사랑의 흉배를 붙이고 일하게 하옵소서. 이 성도가 근무하는 지역이 사건과 사고 없는 평온한 지역으로 소문나게 해주옵소서.

어려운 일을 만날 때 주님께서 지혜를 주셔서 잘 풀리게 하시고 범죄를 수사할 때 영감을 주셔서 잘 해결하게 하여 주옵소서.

이 성도가 또한 경찰복음화에 앞장서게 해주옵소서. 공법을 물같이, 정의를 하수같이 흐르게 하는 경찰관이 되게 해주옵소서.

예수님의 이름으로 기도 드립니다. 아멘

4. 공무원

하나님 아버지! 이 성도에게 공직을 맡겨 주심을 감사 드리며 이 형제를 위하여 또한 공직에 종사하는 이들을 위해 간절한 마음으로 기도합니다. "섬기는 일이면 섬기는 일로, 가르치는 자면 가르치는 일로 권위하는 자면 권위하는 일로, 구제하는 자는 성실함으로 다스리는 자는 부지런함으로, 긍휼을 베푸는 자는 즐거움으로 할 것이니라"고 하신 하나님, 이 성도가 나라를 섬기고 국민을 섬기는 직무를 맡고 있으니 이 일을 통해서 하나님께 영광을 돌리게 하옵소서. 하나님의 사역자가 되어 국민들에게 선을 베풀게 하옵소서. 성실함과 부지런함으로 공직을 수행하게 해주옵소서.

국민들이 원하는 것이 무엇인지 또 어떻게 하는 것이 나라를 발전시키는 것인지 알게 하여 주옵소서. 창의성을 가지고 일하게 하여 주옵시고 직무를 수행하는 데 필요한 지식과 재능을 습득하는 일에 게으르지 않게 하여 주옵소서.

무엇보다도 공정한 성품을 주옵소서. 사람들로부터 신뢰를 받게 하여 주옵소서. 상급자로부터 인정받고 동료들로부터 존경을 받게 하여 주옵소서. 공직사회의 소금이 되고 빛이 되게 해주옵소서. 우리나라 공직사회에 신우회 운동이 활발하게 일어나게 하심을 진심으로 감사 드립니다. 이 성도가 공직계의 복음화를 위해서도 힘쓰게 하여 주옵소서.

주일에 교회에 나와 예배 드릴 때마다 힘을 얻게 하시고 격려를 받게 하여 주옵소서. 가족들이 이 성도가 하는 일에 대해 자부심을 느끼게 하여 주옵시고 이해하며 협력하게 해주옵소서.

이 성도를 지키시며 앞길을 시온의 대로처럼 열어 주옵소서.

예수님의 이름으로 기도 드립니다. 아멘

5. 공업인

성도에게 귀한 재능을 주신 하나님께 감사를 드립니다.

아버지, 창세기 4장에 나오는 두발가인을 기억합니다. 그는 구리와 쇠로 여러 가지 기구를 만드는 자라고 하였으니(창 4:22) 공업은 실로 오랜 역사를 가진 직업임을 알겠습니다. 이 성도가 이와 같이 뿌리가 깊은 일에 종사하고 있는 것을 자랑스럽게 여기게 하셔서 울창한 줄기가 되고 가지가 되게 하옵소서. 이제 굴뚝산업인 제조업의 시대는 지나갔다고들 말하나 제조업이 나라의 기초가 된다는 사실을 잊지 않게 하여 주옵소서.

이 성도가 맡은 일에 최선을 다함으로 좋은 제품이 생산되게 하여 주옵소서. 자신이 생산한 제품에 대해서는 끝까지 책임을 지는 성실함도 주옵소서. 또한 새로운 것을 항상 개발할 수 있는 창의성을 허락하여 주옵소서. 하나님께 기도하는 가운데 지혜를 얻게 하여 주옵소서. 좋은 동역자들을 주시며 필요한 설비와 자금이 이른 비와 늦은 비와 같이 공급되게 하시고 생산하는 제품이 잘 유통되게 하옵소서. 사고가 없게 하시고 기계가 고장을 일으키는 일이 없도록 도와주옵소서. 수출의 길도 넓게 열어 주셔서 이 성도가 생산하는 제품이 해외에서도 호평을 받게 하여 주옵소서.

공업에 종사하는 이들의 수고를 통해서 우리나라가 후진국에서 개발도상국이 되게 하시고 이제 선진국의 반열에 들게 하심을 감사드립니다. 이들의 수고가 우리나라를 기난에서 벗어나게 하는 일에도 큰 기여를 했음을 감사 드립니다. 주여, 이 성도를 통해 우리나라 공업계가 더욱 발전하게 해주옵소서. 또한 이 성도를 통해서 공업계에 복음이 널리 퍼져나가게 하옵소서.

예수님의 이름으로 기도 드립니다. 아멘

6. 과수원 경영인

과수원과 포도원을 비유로 자주 인용하신 하나님!
이 성도가 과수원을 경영하게 하시니 감사합니다. 이 성도의 생업인 과수원을 통해서 생활이 날로 윤택하게 하옵소서.
또한 과수원을 경영하면서 하나님의 은혜를 깊이 깨달아가며 감사 드리게 해주옵소서. 참으로 하나님께서 햇볕과 비와 바람을 적당하게 주시지 않으면 과수원을 경영할 수 없음을 깨닫고, 하나님의 무한하신 자비와 사랑 앞에 무릎을 꿇게 하여 주옵소서.
과일나무가 그 열매를 잘 맺기 위해서는 가지가 그 줄기에 잘 붙어 있어야 하는 것처럼 이 성도도 예수님이라는 줄기에 튼튼하게 연결되어 있는 가지가 되게 해주옵소서.
하나님, 사사기 9장에 나오는 나무들의 이야기를 생각합니다. 감람나무는 기름을 갖고 하나님과 사람을 영화롭게 하는 것을, 무화과나무는 단것과 아름다운 열매로, 포도나무는 포도주로 하나님과 사람을 기쁘게 하는 것을 만족스럽게 생각하며 왕의 자리를 사양했습니다. 이 성도에게는 과수원 경영을 통해 각종 실과를 사람들에게 공급하는 일이 기쁨이 되게 해주옵소서. 과일나무들은 열매를 맺는 것이 본분인 것처럼 이 성도도 신앙의 열매를 맺는 생활을 하게 하옵소서. 빛의 열매, 의로움의 열매 그리고 성령의 열매를 맺게 해주옵소서. 다른 사람들은 과수원 경영이 목가적인 일이라고 말하지만 남모르는 애로도 많을 것입니다. 하나님, 이기게 해주옵소서. 또한 자연재해에서 지켜 주시고 병충해로부터 지켜 주옵소서. 생산한 과일들이 제값을 받고 판매될 수 있도록 유통되는 일도 지켜 주옵소서. 새로운 품종도 끊임없이 개발되게 하여 주옵소서.
참포도나무라고 하신 예수님의 이름으로 기도 드립니다. 아멘

7. 광부

땅 위의 일들을 주관하실 뿐만 아니라 땅 아래의 일들도 주관하시는 하나님! 이 성도에게 지하자원 캐는 일을 맡겨 주셔서 감사 드립니다. 이 일은 힘들고 위험이 따르는 일이지만 누군가가 해야 할 일인데 이 형제가 그 수고를 감당하고 있습니다. 형제의 노고를 치하하며 격려하여 주옵소서. 또한 안전을 지켜 주옵소서.

사방이 어둡고 좁은 작업 환경 속에서 일할 때 하나님을 더욱 가까이 하게 하시고 간절한 마음으로 기도하게 하시며 하나님이 함께 하심을 믿게 하여 주옵소서. 모든 염려를 하나님께 맡기고 평안한 마음으로 일하게 하옵소서.

자신이 하는 일에 대해 긍지를 느끼게 하시고, 이 일이 국가와 이웃에 대한 값진 봉사임을 알게 하여 주옵소서. 나아가서는 창조주 하나님을 섬기며 그에게 영광 돌리는 일임을 알게 하여 주옵소서. 주님 안에서 보람과 기쁨을 잃지 않게 하옵소서.

우리나라 광업계를 지켜 주셔서 광부들이 정당한 대우를 받게 하시고, 이들을 위한 복지가 날로 향상되게 하여 주옵소서. 진폐증(塵肺症)을 비롯한 각종 직업병에서 이들을 지켜 주옵소서. 자녀들의 교육 문제도 선하게 해결하여 주셔서 좋은 환경 속에서 교육받게 하여 주옵소서.

갱도에서 지하자원을 캐듯 성경에서 진리를 잘 캐는 지혜도 주옵소서. 광부의 일을 통해 남보다 더 깊은 신앙을 갖게 하여 주옵소서. 일터로 향할 때마다 여호와께서 목자가 되셔서 주의 지팡이와 막대기가 안위함을 믿고 두려워하지 않게 하여 주옵소서.

늘 저희와 함께하시는 예수님의 이름으로 기도 드립니다. 아멘

8. 교육자

인류의 스승이 되시는 하나님!
　이 성도를 택하여 교육자의 길을 걷게 하심을 감사하며 교육자로서 갖춰야 할 지혜와 덕망과 사랑을 풍성하게 주시길 기도합니다.
　주님이 우리들에게 본이 되신 것처럼 이 성도가 가르치는 이들에게 본이 되게 하옵소서. 지식을 전하면서 동시에 인격적인 감화를 미치게 하시며, 나아가서는 신앙적인 감화도 미치게 하옵소서.
　이 성도가 서 있는 교실에 그리스도의 향기가 풍겨서 간접전도의 현장이 되게 해주옵소서. 교사는 많으나 스승은 없고 학생은 많으나 제자는 없다고 하는데 이 성도는 참된 스승이 되게 하시고 이 스승에게 배우는 학생들은 참 제자가 되게 하옵소서.
　성도의 입술에 능력을 주셔서 입을 열어 가르칠 때마다 듣는 이들이 잘 깨닫게 하시고 나아가서는 인격이 변화되게 하옵소서. 배운 학생들이 뒷날 나는 참으로 좋은 크리스천 교사를 만나 내 일생에 많은 도움이 되었다고 말할 수 있게 하여 주옵소서.
　가르치는 학생들 가운데 문제학생들을 인내와 사랑으로 선도하게 하여 주옵소서. 삼중고(三重苦)에 시달리던 헬렌켈러를 잘 지도해서 많은 사람들에게 소망의 불빛이 되게 한 설리번 선생을 본받게 하여 주옵소서. 이 성도의 수고로 학생들의 마음속에 하늘나라가 이뤄지게 하옵시고, 이땅에서 하늘나라가 넓어지게 하옵소서.
　우리나라 교육계가 많은 문제를 안고 있고 교실이 무너진다는 우려가 많은데 기도로 이 문제를 잘 극복해 나아가는 성도가 되게 하옵소서.
　교사로서 모범을 보이신 예수님의 이름으로 기도 드립니다. 아멘

9. 군인

이 민족을 사랑하시어 수많은 침략 속에서 나라를 지켜 주신 하나님 아버지! 그 크신 은혜와 사랑에 감사하며 찬양을 드립니다.

하나님, 이 성도가 민족의 평화를 위해 생애를 바치게 하시니 감사 드립니다. 다윗이 골리앗을 무찌를 때 함께하신 하나님, 이 성도와 함께해 주옵소서. 다윗이 하나님을 의지한 것처럼 매일매일을, 순간순간을 하나님 의지하며 이 직무를 감당하게 하옵소서.

하나님을 사랑하는 열정과 나라를 위한 충성으로 매일매일을 지나게 하여 주옵소서. 국토를 방위하고 평화를 지키기 위해 목숨을 아낌없이 바치겠다는 각오로 불철주야 수고하고 있는 이땅의 군인들에게 용기를 주옵소서.

남북관계에 변화가 있다고 하여 긴장을 푸는 일이 없게 하시고 가치관에 혼란이 없게 하옵소서. 조국의 방패요 불침번으로 언제나 동요하지 않고 본분을 다하게 하옵소서. 군인들의 신앙을 지도하고 있는 군목들에게 함께하여 주셔서 전도의 황금어장인 군대에서 많은 고기를 낚는 유능한 어부들이 되게 하여 주옵소서.

하나님, 이 성도가 사단과의 영적 싸움에서도 승리하는 십자가의 군병이 되게 하옵소서. 예수님을 보이지 않는 대장으로 삼게 하시고 그의 마음에 십자가 군기가 펄럭이게 하옵소서.

진급 심사 때마다 공정한 심사가 행해지게 하시고 계급이 높아질수록 겸손하게 하시고 책임을 잘 감당하게 하옵소서. 이 성도의 가정을 지켜 주셔서 고넬료의 가정과 같이 경건한 가정이 되게 하여 주옵소서.

우리의 대장이 되시어 앞장서서 가시는 예수님의 이름으로 기도 드립니다. 아멘

10. 기술자

　각 사람에게 각종 은사를 주시는 하나님!
　이 성도에게 귀한 기술 주신 것을 감사 드립니다. 그 기술이 사회를 위해서 유익하게 사용될 수 있도록 해주시고, 이 기술을 생업으로 하고 있으니 소득이 많게 하셔서 생활에 필요한 재물을 풍족하게 얻도록 해주옵소서.
　이 성도가 일을 할 때 단순히 먹고 살기 위해서 일한다는 생각을 버리게 하시고, 하나님이 주신 재능을 통해서 사람들에게 유익을 주고 하나님께 영광 돌린다는 마음으로 일하게 하옵소서. 예배 드리는 마음으로 작업에 임하게 하여 주옵소서. 그래서 믿는 기술자가 하는 일은 무엇인가 다르다는 평가를 받게 하여 주옵소서.
　같이 일하는 동료들과 좋은 인간관계를 갖게 하시고 새로운 기술을 익히는데 앞장서게 하여 주옵소서. 날로 정교한 기술을 갖게 하여 주옵소서. 어떻게 해서 그와 같이 우수한 기술을 갖게 되었느냐고 묻는 사람이 있으면 하나님이 함께하시기 때문이라고 대답하게 하여 주옵소서. 또한 배운 기술을 후배들에게 전하는 일에도 인색하지 않게 하여 주옵소서.
　하나님, 이 사회가 기술자들이 우대받는 건강한 사회가 되게 하여 주옵소서. 이 성도의 가족들도 가장이 하는 일에 긍지와 보람을 갖게 하여 주옵소서. 일을 하기에 앞서서 기도하게 하옵소서. 기도할 때 새로운 힘과 의욕이 넘치게 하옵소서.
　하나님, 이 성도가 일하는 현장에 함께하시고 고정된 직장에서 일할 때는 그 직장에 신우회가 조직되어 예배 드리게 해주옵소서.
　우리를 눈동자같이 사랑하시는 예수님의 이름으로 기도 드립니다. 아멘

11. 노동자

개미에게 가서 그가 하는 것을 보고 지혜를 얻으라고 하신 하나님! 이 성도에게 일할 수 있는 건강한 육체와 손과 발을 주시니 감사 드립니다. 또한 믿음을 주셔서 늘 위로받고 기쁜 마음으로 일하게 하시며 새힘을 얻게 하시니 더욱 감사합니다.

양들을 푸른 초장으로, 잔잔한 물가로 인도하시는 주님께서 이 성도의 작업현장에 함께하여 주옵소서. 우리의 짐을 져 주시려고 찾아오시는 주님을 마음에 모시고 일하게 하옵소서. 주님이 함께 하신다는 믿음이 힘의 근원이 되게 하옵소서.

이 성도가 하는 일이 너무나 고되고 힘이 들 때에는 하나님, 특별히 도와주셔서 새로운 힘을 다시 이 성도의 육신에 부어 주옵소서. 주님께서는 피곤한 자에게 능력을 더하시며 무능한 자에게는 힘을 더하시고, 여호와를 앙망하는 자에게는 새힘을 주시는 분임을 믿습니다. 날개 치며 올라가는 독수리와 같은 성도가 되어서 달음박질하여도 곤비하지 않고 걸어가도 피곤하지 않게 하옵소서.

이 성도가 하나님 앞에 성실로 식물 삼게 하여 주옵소서. 또한 이 성도가 정당한 대접을 받게 하옵소서. 품삯으로 인해 억울함이 없게 하시고 못 받거나 늦게 받는 일이 없게 해주옵소서. 일이 늘 떨어지지 않게 해주옵소서. 장래에 대한 소망을 갖게 하여 주옵소서.

사람의 외모를 보지 않으시고 중심을 보시는 하나님께 옳다 인정받는 일꾼이 되게 하옵소서. 물질로 인해 시험과 유혹받지 않게 하소서. 가난하다 하여 원망하지 않게 하시고, 신앙의 부자 천국의 소망 속에 누구보다 하늘의 평화를 맛보며 살아가는 성도가 되게 하옵소서.

우리의 힘이 되시는 예수님의 이름으로 기도 드립니다. 아멘

12. 농 부

창조주이신 하나님!
천지 만물을 지으실 때, 땅을 지으시고 풀과 씨 맺는 채소와 각기 종류대로 열매 맺는 나무를 내게 하신 것에 감사 드립니다. 노력하고 땀 흘린 대로 수확을 얻게 하시는 하나님, 농부로 수고하고 있는 이 성도를 축복해 주옵소서. 청교도들이 수확한 농작물을 앞에 놓고 먼저 하나님께 감사한 것을 본받게 해주옵소서. 햇빛과 공기를 주시며 때를 따라 비를 주셔서 풍성한 열매를 맺게 해주신 하나님께 찬송과 영광을 돌리게 해주옵소서.

정직한 땅을 대할 때 이 성도도 사람과 하나님 앞에 정직한 성품의 소유자가 되게 하여 주옵소서. 알곡을 거둬들일 때마다 알곡은 모아 곳간에 들이고 쭉정이는 꺼지지 않는 불에 태우시리라는 말씀을 생각하며, 이 사회와 하나님 앞에서 알곡 같은 존재가 되겠다고 다짐하게 하여 주옵소서.

이 성도가 땀 흘리며 손으로 수고하여 얻은 농작물들이 각 가정에 들어가 사람들의 식량이 되는 것을 생각하며 보람을 느끼게 하여 주옵소서.

우리나라 농촌에 함께하여 주셔서 정부가 올바른 농업정책을 펴게 하시고 농민보호에 힘쓰게 하시며, 젊은이들이 농촌으로 돌아오고 농부가 인기 있는 결혼대상이 되어서 농촌 총각의 결혼문제가 해결되게 하옵소서.

하나님께서는 농부가 땅에서 나는 귀한 열매를 바라고 길이 참아 이른 비와 늦은 비를 기다린다고 하셨습니다. 주님이 강림하실 때까지 길이 참고 마음을 굳건하게 하는 성도가 되게 하옵소서.

예수님의 이름으로 기도 드립니다. 아멘

13. 목축업자

양으로 생명을 얻게 하시고 더 풍성히 얻게 하려고 이땅에 오신 하나님! 주님을 푸른 초장과 쉴만한 물가로 우리를 인도하시는 목자라고 고백하고 있는 이 성도가 목축업에 종사하게 하시니 감사합니다.

이 세상의 많은 직업들 가운데 목축업이 성경에 가장 많이 등장하는 직업인 줄로 압니다. 주님, 이 성도가 성경에 나오는 목축에 관계되는 기사들을 읽으며 신앙의 유익을 얻게 해주옵소서.

하나님 아버지께서 우리를 사랑하듯 이 성도가 가축들을 사랑하게 하여 주옵소서. 정성을 다해 가축들을 돌보게 하여 주옵소서.

하나님, 이 성도가 목축을 하는 데 필요한 것들을 부족함이 없이 공급하여 주옵소서. 오염되지 않은 물과 좋은 사료가 끊이지 않게 하여 주옵소서. 싱싱한 목초도 풍성하게 주옵소서. 가축 전염병으로부터 이 가축들을 지켜 주옵소서. 구제역(口蹄疫)과 같은 어려움이 다시는 없게 하여 주옵소서. 또한 목축업을 통해 생산된 제품들이 정당한 값을 받고 보급되게 하옵소서. 유통의 가정도 지켜 주옵소서.

농정(農政)의 혼란으로 종종 사료파동, 축산농가 파탄, 우유과다 공급, 여러 가지 문제들이 일어나기도 합니다. 정부가 축산업을 보호하고 장려하는 데 더욱 힘쓰게 하옵소서. 농업협동조합을 비롯하여 목축에 관계된 분들에게 시혜와 성실함을 주옵소서.

이 성도가 목축업을 통해서 신앙이 날로 성숙해지게 하옵소서. 많은 것을 깨닫게 하시고 깨달은 것을 성도들에게 잘 전하여 교회에 유익이 되게 하옵소서.

예수님의 이름으로 기도 드립니다. 아멘

14. 법조인

의로운 재판장이신 하나님!
하나님은 우주 만물을 지으시고 인간을 만드신 뒤, 각각 법칙대로 질서 있게 다스려 나가시는 분임을 믿고 감사를 드립니다. 하나님은 영혼의 법으로 성경을 주셨고 나라의 기본을 위해서 헌법을 주셨으며, 질서 있는 삶을 위해 각종 법률을 주셨습니다.
주여, 이 성도가 법조인으로 일할 때 하나님은 공평한 추를 기뻐하는 분임을 늘 생각하게 하옵소서. 정직한 자의 공의로써 업무에 임하게 하옵소서.
또한 이 성도가 법조계에 첫발을 디딜 때의 결심이 변하지 않게 하여 주옵소서. 사회정의를 구현하기 위하여, 가난하고 억울한 사람들 편에 서기 위하여, 공법이 물같이 흐르는 나라가 되는 것을 바라며 이 성도가 법조인이 되기를 원했고 어려운 준비과정과 연수생활을 거쳐 여기에 이르렀습니다.
바울 사도는 옥 중에서도 의로운 재판장이신 주님이 의의 면류관을 주실 것을 생각하며 기뻐했는데 이 성도가 억울한 일을 당한 사람들에게 소망을 주는 의로운 법조인이 되게 하여 주옵소서.
주님, 이 나라의 법조계를 지켜 주셔서 검찰은 정권으로부터 독립되어 간섭을 받지 않고 파사현정(破邪顯正)의 모습으로 신뢰받는 검찰이 되게 하시고 변호사들은 피고인을 위하여 정성을 다하게 하시며 판사들은 공정한 판결을 하게 하옵소서. 법 앞에 만민이 평등한 사회가 되게 해주옵소서. 이 성도가 이런 사회를 이루는 데 앞장서게 하옵소서. 존경받고 신뢰받는 법조인이 되게 해주옵소서. 하나님께 지혜를 구하며 일하게 하옵소서.
사랑과 공의를 겸하신 예수님의 이름으로 기도 드립니다. 아멘

15. 사무원

우리를 세상에 태어나게 하시며, 지금까지 성장하고 교육받게 하신 하나님! 경쟁이 심한 사회에서 이 성도에게 좋은 직장을 주신 하나님께 감사와 영광을 올립니다.

특별히 이 성도로 하여금 그리스도 안에서 살게 하셨고 구원의 소망 주신 것을 감사 드립니다. 사무원의 일을 할 때 하나님을 생각하며 일하게 하옵소서. 때때로 어려운 일이 있을지라도 예수 그리스도를 바라보며 일하게 하옵소서. 모든 사람과 더불어 친숙할 수 있고 또 뭇사람을 사랑할 수 있게 하옵소서. 비록 경제적인 만족이 없을지라도, 사람들의 오해를 받는 일이 있을지라도 묵묵히 일할 수 있는 넓은 마음을 허락하여 주옵소서.

요셉이 있는 곳에 하나님께서 복 주신 것처럼 이 성도가 있음으로 이 직장이 더 잘되기를 바랍니다. 주변에 사고가 없도록 보호하여 주옵소서. 가정의 어려움이나 육신의 질병으로 결근하는 일이 없도록 늘 은혜로 보살펴 주시기를 바랍니다. 이 직장이 날로날로 번영되게 하옵소서. 내가 맡은 직책이 크든 작든 간에 하나님께서 주신 일인 줄 알고 불평없이 일할 수 있기를 바랍니다. 그래서 매일매일의 생활이 기쁘고 즐거움이 넘치도록 도와주옵소서. 어떤 일이나 어떤 사람을 대할 때라도 예수 그리스도를 생각하면서, 그리스도인의 긍지와 그 입장을 잠시라도 잊어버리는 일이 없도록 은혜 주옵소서. 또한 이 성도가 이곳 직장에서 이름없이 선교사와 같은 역할을 감당할 수 있기를 바랍니다. 혹시 그리스도의 이름 때문에 어려움이 생긴다면, 그것도 주의 고난에 동참하는 것으로 알고 기꺼이 참아 나갈 수 있도록 붙들어 주옵소서.

예수님의 이름으로 기도 드립니다. 아멘

16. 상 인

사람들에게 지혜를 주신 하나님!
이 성도에게 상업을 할 수 있도록 인도해 주신 하나님께 영광을 돌립니다. 비록 부족하지만 하나님의 말씀에 따라서 꾸준히 일할 때, 그 결과는 하나님께 맡기는 믿음을 주옵소서. 경영학적인 차질과 상술의 미흡함이 많을지라도 하나님께서 이 성도를 도우사 숨은 보화와 값진 진주를 발견할 수 있도록 인도하옵소서.
언제나 정당한 방법으로 사업을 할 수 있도록 지혜와 명철을 더하셔서 하나님의 영광을 크게 나타내며 맡겨 주신 그리스도의 몸된 교회와 분부하신 선교사업을 잘할 수 있도록 물질의 넉넉함도 허락해 주옵소서. 비록 불경기가 닥친다 하더라도 하나님께서 그때 그때마다 잘 감당해 나갈 수 있도록 은혜 내려 주시길 간구합니다.
사업을 경영하노라면 때때로 그릇된 유혹을 받을 때가 있지만, 그때마다 성령님께서 바른길을 보여 주시고 인도해 주시기 바랍니다. 혹시 지나치게 바쁘거나 단체적인 일이 있더라도, 결코 주일을 범하는 일이나 주의 날을 소홀히 여기는 일이 없도록 지켜 주시기 바랍니다. 보잘것없는 돈 때문에 진실하지도 못하고 사랑하지도 못하며 공의롭지도 못한 삶이 되지 않도록 이끌어 주시기 바랍니다. 언제 어떤 경우라도 우선순위는 하나님뿐이기를 바랍니다.
그리고 하나님께서 주시는 믿음과 힘으로써 십일조를 하나님께 드릴 수 있게 해주옵소서. 언제나 사업이나 가정을 사랑하듯 그리스도의 몸된 교회를 사랑할 수 있게 해주옵소서. 이 성도의 최고의 목적은 하나님께 영광 돌리는 그것이 되게 해주옵소서.
예수님의 이름으로 기도 드립니다. 아멘

17. 세무공무원

옛날이나 오늘날이나 영원히 살아서 일하시는 하나님!

이 성도가 세무공무원으로 일하게 하신 것을 감사 드립니다. 하나님이시여, 이 성도에게 정당한 세법에 의한 세무 행정을 집행할 수 있는 힘을 주옵소서. 직장에서나 업무와 관계 있는 모든 사람들에게 사랑과 친절을 베풀어 정직한 사람, 친절한 사람, 믿음직한 사람으로서의 공인된 관리가 되게 하옵소서. 공무원의 모범으로 청백리가 되게 해주옵소서. 정말 아름다운 것을 뿌려 선한 열매를 거둘 수 있게 하옵소서.

이 성도와 접촉하는 동료 직원이나 관계되는 기관 상인들에게 세무공무원의 이미지를 새롭게 할 수 있는 표본이 되기 바랍니다. 한 국가 공무원으로서 국가에 유익과 모든 관련되는 사람들에게 아울러 기쁨을 줄 수 있는 지혜를 허락해 주옵소서.

옛날 레위라는 세리는 예수님을 만나서 그의 부르심을 따라 주님의 제자가 되었는데, 이 성도도 순간순간 예수님을 만나는 삶을 살게 해주옵소서. 교회생활과 영적생활도 여러 교우들의 모범이 될 수 있기를 바랍니다. 또한 주변에 있는 모든 세무공무원들이 한 사람 한 사람 그리스도인이 되게 해주옵소서. 그래서 이 성도가 일하는 세무관서에 신우회가 조직될 수 있도록 특별한 은총을 내려 주옵소서.

만일 신우회가 이미 조직되어 있다면 더욱 활성화되게 하옵소서. 어떤 경우에라도 시험에 들지 말게 하옵소서. 관계된 기관이나 상인, 시민들의 칭찬의 대상이 될망정 원망을 듣는 사람이 되지 않기를 원합니다. 순간순간 임마누엘의 주님, 떠나지 마옵소서.

예수 그리스도의 이름을 받들어 기도 드립니다. 아멘

18. 언론인

　이 세상을 항상 살피시는 전능의 하나님, 영광을 세세토록 돌립니다. 세상이 어두울수록 많은 빛이 필요하고 부패가 심할수록 많은 소금이 필요한 것처럼, 오늘날 공의의 부르짖음과 진실의 외침이 필요한 곳에 이 성도가 세례 요한처럼 하나님의 뜻을 국민들에게 전할 수 있게 되길 원합니다. 또한 이 성도가 모든 사람에게 용기와 기쁨을 줄 수 있게 해주옵소서. 그 손으로 쓰는 글과 전하는 말이 국가 와 민족에 유익이 되게 하옵소서. 신앙적으로나 영적으로 교회에 덕이 되게 하옵소서.
　이 성도가 쓰고 전하는 글을 보고 읽는 사람들에게 조용히 그리스도의 향기가 풍길 수 있도록 감화하여 주시기 바랍니다.
　우리가 읽고, 믿고 있는 성경말씀이 글로 나타나서 영원히 전 인류에게 전해지고 구원의 희소식을 전하는 것처럼 성도가 행하는 말과 글이 오래오래 남아서 먼훗날 보는 사람들까지 바른말 기쁨의 소식이 되게 해주옵소서. 그리고 될 수만 있다면 사회를 밝게 하는 작용을 잘 감당해 나아갈 수 있게 해주옵소서.
　또 쓰고자 하는 의욕이 불같이 일어날 때마다 정직하고 올바른 글만 쓸 수 있게 해주시고, 많은 사람들이 반가워하고 또 기다려지는 글이 되게 하옵소서.
　이 성도가 쓰는 글 속에서 예수 그리스도가 나타날 수 있게 명철함과 지혜를 더하시어 하나님의 뜻이 이땅에 드러나게 하옵소서. 그의 맘과 손을 하나님께서 온전히 주장하옵소서. 오늘날 길을 잃고 방황하는 많은 사람들에게 밝은 빛이 되게 성령님께서 역사하여 하나님의 평화를 전하게 하소서.
　영원한 빛이신 예수님의 이름으로 기도 드립니다. 아멘

19. 원예업자

우리에게 아름다운 강산을 주신 하나님!

옛날부터 우리 강산을 금수강산이라고 불러왔는데 오늘에 와서는 우리들의 잘못으로 인해 이지러진 강산이 되었음을 고백합니다. 앞으로는 우리들의 작은 힘과 손으로 이 강토를 아름답게 가꾸며, 땅에서 생산되는 풍부한 하나님의 선물들을 찾아내도록 노력하게 하소서. 또한 하나님을 사랑하고 국토(땅)를 사랑하며 국민(사람)을 사랑할 수 있게 해주옵소서. 긍지와 기쁨도 주옵소서.

특별히 저의 주변뿐만 아니라 우리나라 전체가, 하나님께서 사람들에게 만들어 주셨던 에덴동산같이 아름다운 땅으로 만들어질 수 있기를 바랍니다. 이런 사명감을 가지고 일할 때, 이것은 결코 내 자신의 유익뿐만 아니라 모든 사람들의 유익도 되게 하옵소서. 그리고 이 일로 인하여 하나님께서 에덴동산을 만드시고 "좋았더라" 하며 기뻐하셨듯 우리 하나님께 기쁨을 돌릴 수 있길 바랍니다.

이 성도가 크고 작은 나무들과 꽃들을 손질할 때 정말 하나님의 창조의 솜씨를 발견하고 감탄할 때가 많으며, 그 속에서 하나님의 음성을 듣는 때가 있을 것입니다. 또한 그 식물들이 무럭무럭 자라 아름다운 꽃들을 피울 때 하나님의 사랑을 깨닫게 될 줄 압니다.

하나님, 우리의 영혼도 그렇게 아름답게 씻어 주시고 신앙의 꽃도 활짝 필 수 있도록 은총 내려 주옵소서. 모든 육체는 풀과 같고 그 영광은 풀에 꽃과 같다는 베드로 사도의 말씀을 기억하면서, 영원히 쇠하거나 마르지 않는 신앙과 예수 그리스도를 믿게 해주셨음에 참으로 감사 드립니다. 이 성도가 하는 일이 하나님께 영광되게 하옵소서.

예수님의 이름으로 기도 드립니다. 아멘

20. 어 부

하늘과 땅 그리고 바다와 강을 만드신 하나님!

그 모든 것들과 함께 우리는 소리 높여 하나님께 찬양을 올리고 싶습니다. 우리는 높은 하늘을 쳐다볼 때와 깊고 넓은 바다를 볼 때 하나님의 그 넓으신 사랑과 권능의 손 앞에 머리를 숙입니다.

가물 때는 물 한방울이 그렇게도 소중한데, 바다와 강에 그렇게 많은 물을 만드신 하나님, 우리는 심한 바람이 불 때 두려움을 느끼며, 큰 파도가 칠 때 어쩔 줄 몰라 헤맵니다. 넓은 바다 위를 다니며 일할 때 외로움과 두려움이 계속되기도 합니다.

그러나 하나님께선 언제나 임마누엘로 이 성도와 함께하셔서 그의 몸과 생명을 보호하여 주시기를 간절히 원합니다. 오로지 주님을 믿기에 모든 것을 맡기고, 주어진 일을 위하여 물 위에서 활동합니다. 특별히 주님께서 어부들을 부르셔서 제자로 삼으셨고 복음을 전하게 하셨듯이, 오늘 이 성도도 하나님의 부르심을 받았으니 예수님의 제자가 된 느낌으로 일하게 하소서. 제자들을 갈릴리 바다에서 부르실 때 "사람 낚는 어부가 되게 하리라"고 하셨는데 이 성도를 통해 기회가 닿는 대로 사람 낚는 일을 하게 해주옵소서.

본래 어부의 일은 아주 거칠고 또 위험한 일입니다. 우리 주변에는 '풍어제(豊漁祭)'니 '안전기도'니 하면서 미신적인 행사들이 많이 있습니다. 바다를 향해 빌고 복을 달라고들 합니다.

하나님, 그런 틈바구니에서 성도가 신앙을 굳게 지킬 수 있도록 인도해 주옵소서. 하나님께서 돌보시지 않으시면 아무 소득도 얻을 수 없습니다. 늘 이 성도를 보살펴 주시기 바랍니다.

예수님의 이름으로 기도 드립니다. 아멘

21. 예술인

　능력의 하나님 아버지, 이 성도에게 남달리 좋은 재능을 주신 은혜에 감사 드립니다. 많은 예술인 중에서 예수 그리스도를 발견하고, 그 은혜를 깨닫게 하셨으니 감사합니다. 성도의 가슴이 언제나 뜨겁게 하시고 그의 생애와 몸 그리고 기량을 통하여 하나님을 찬양하게 하옵소서. 그리고 그를 보는 사람들에게 예수 그리스도가 비칠 수 있게 하옵소서. 이 성도에게 주신 달란트는 자신이나 사람들만을 위한 것이 아니라 하나님의 영광을 나타낼 수 있는 좋은 도구가 되게 해주옵소서. 자신의 인기가 높아질수록 하나님을 더욱 사랑하고 영광 돌리게 하옵소서. 또한 남이 할 수 없는 귀한 기능과 특기가 있다면 이것 역시 하나님나라를 위하여 사용되기를 간절히 원합니다.

　우리나라의 많은 예술인들 중에는 하나님의 부르심을 받고 예수 그리스도를 믿는 이들 보다는 아직도 기독교 신앙과는 관계없는 사람들이 더 많습니다. 하나님이시여! 한국의 예술계에 뜨겁고 강한 성령의 바람을 일으키시어, 그리스도 안에서 활동하는 예술인들이 더욱더 많아지게 해주옵소서. 이 성도의 힘이 자라는 대로, 기회가 닿는 대로, 이 놀랍고 위대한 그리스도의 복음을 전하도록 늘 용기와 담대함을 주옵소서. 지금 우리나라 예술인들 중에는 장로님도, 권사님도 그리고 집사님들도 많이 계심을 기뻐하면서 하나님께 감사 드립니다. 이제 그 수가 날로날로 많아져, 그들에게 주신 예술적인 기능을 전적으로 하나님의 주신 은사로 알고 활동하게 하옵소서. 이 성도님이 수입이나 인기보다 하나님의 영광과 복음을 우선으로 하고 일하게 하옵소서.

　예수 그리스도의 이름으로 기도 드립니다. 아멘

22. 외항선원

　우주와 만물 그리고 넓은 바다를 지으신 하나님께 감사 영광을 올립니다. 이 성도가 고요한 바다를 항해하면서 하나님의 따뜻한 사랑을 맛보기도 하고, 때때로 일어나는 광풍과 물결을 보면서 하나님의 엄위하심과 그 능력을 깨닫게 될 줄로 압니다. 또한 먼 나라에서 돌아올 때에도, 외로울 때에도, 위험할 때에도 늘 보호해 주심을 감사 드립니다.

　하나님! 이 성도가 기쁠 때나 즐거울 때에도 주를 찬양하게 하옵소서. 또한 어디로 가든지 예수 그리스도의 향기와 편지의 역할을 감당할 수 있게 해주옵소서. 몸담은 교회와 그의 가족들을 하나님께서 보살피사 은혜롭고 평화롭게 해주옵소서.

　외항선원으로 일하면서 하나님 없이는 살 수 없음과 하나님의 창조의 능력과 무한하신 자원을 깨달아 알게 하옵소서. 또한 자주 외국에 정박하며 그곳 국민과 접촉할 기회가 있을 때마다 옛날 바벨탑 사건 이후에 생긴 언어의 혼잡과 노아 시대 이후에 생긴 사람들의 피부색을 보면서, 하나님의 말씀의 진실함과 영원함을 재확인하여 더욱 굳건한 믿음의 반석에 서게 하옵소서.

　아직 하나님을 모르는 불쌍한 민족들을 볼 때에는 안타까움과 자신의 구원받은 은총에 감사도 드리게 하옵소서. 이제 이 성도가 저들에게 복음을 전할 수 있는 전도의 나팔이 되는 능력도 허락하여 주옵소서. 주님의 겸손을 배우며 이방민족에게 작은 빛이 되는 은총을 충만히 내려 주소서. 이 성도가 가정을 떠나 있을지라도 하나님 아버지께서는 그의 가족들을 평안의 길로 이끌어 주실 것을 믿습니다.

　예수님의 이름으로 기도 드립니다. 아멘

23. 운전기사

은총의 하나님 아버지!

이 성도에게 좋은 기술과 건강 주심을 감사 드립니다. 구원받을 믿음 주셔서 기쁨으로 살고 일하게 하신 하나님을 찬양합니다. 생명을 운반하는 귀한 직책을 기쁘게 생각하게 하옵소서.

하나님께 간구합니다. 이 성도가 차를 몰고 다닐 때에 언제나 동행해 주셔서 위험하고 아슬아슬한 순간에 하나님께서 지켜 주시고, 지혜와 슬기를 주셔서 잘 헤쳐 나아갈 수 있게 도와주옵소서. 그리고 모든 사람들에게 친절을 베풀어 그들에게 예수님이 보여지게 하옵소서. 기사들 가운데 믿는 이들이 많은 것을 감사 드립니다. 때로 차에 십자가나 사무엘의 기도 모습을 붙인 차들을 볼 때면 얼마나 반갑고 기쁜지 말할 수 없습니다. 하나님, 이 성도를 통해 예수 그리스도를 받아들여 믿는 이들이 날로날로 많아질 수 있도록 역사하여 주옵소서.

하루 온종일, 그리고 매일같이 똑같은 일을 하니 피곤도 하고 속상할 때도 많을 것입니다. 하나님께서 그때마다 격려와 위로를 주시기 원하며 힘과 믿음을 더하게 하옵소서. 모든 사람에게 친절과 다정함 그리고 웃음을 줄 수 있게 해주옵소서. 그래서 이 성도의 차 안이 평안하고 기쁜 낙원이 될 수 있기를 간절히 바랍니다.

하나님 아버지, 정말 안타까운 것은 지나치게 바쁘고 열심히 뛰다보면 수일을 살 시키지 못힐 때기 있습디다. 하나님! 이 성도에게 교회에서 주일을 지킬 수 있는 여건을 마련해 주옵소서. 피곤할 때는 기독교방송이나 극동방송, 테이프를 통해 찬송과 말씀을 듣고 기쁨을 얻게 하옵소서.

예수님의 이름으로 기도 드립니다. 아멘

24. 은행원

만물의 주인이신 하나님, 영원히 찬양을 받으옵소서!
사람이 살아가는 데는 돈이 아주 중요합니다. 이 성도에게 그 돈을 취급할 수 있는 은행원의 일을 맡기신 하나님께 감사 드립니다.
하나님, 이 성도가 돈에 대한 바른 인식을 갖고, 돈을 취급할 수 있는 지혜를 허락하여 주옵소서. 돈이 생명이 아니며 하나님 위에 있을 것도 아님을 알게 해주옵소서. 돈이 하나님나라를 위한 사업에 유익하게 쓰여질 때 하나님께서 기뻐하심을 알게 하옵소서. 또한 이 성도가 고객들을 미소로 대하게 하옵소서. 그래서 고객들이 그를 통해 억지 친절이 아닌 진정한 친절을 맛보게 하옵소서.
공의로우신 아버지 하나님, 이 성도가 항상 돈을 취급하다 보면 돈이란 별것이 아닌 아주 흔하기만 한 것으로 생각될지도 모릅니다. 돈이 사람을 천하게 만들거나 범죄의 동기나 도구가 되지 않게 해달라고 기도하며 일하게 하옵소서. 이 돈이, 모든 사람이 구원의 길을 걷는 데 도움이 되게 해달라고 기도하며 일하게 해주옵소서.
전에는 가장 안정된 직장이었던 은행이 요즘은 어려운 사회 환경 속에 흔들리고 있습니다. 이 은행에서 꼭 필요한 일꾼으로 인정받고 사랑받게 하셔서 이 성도를 지켜 주옵소서. 같은 업무가 반복된다고 해서 권태를 느끼지 않게 하시고, 늘 새로운 마음으로 자리에 앉게 하옵소서.
이 성도가 신앙생활을 열심히 하고 또 선교에도 열심을 내서 은행원 복음화에 힘쓰게 하옵소서.
임마누엘이신 예수 그리스도의 이름으로 기도 드립니다. 아멘

25. 의 사

생명의 근원이시며 우리의 건강을 주장하시는 아버지 하나님!

영원히 영광과 찬양을 올립니다. 이 성도에게 의학공부를 하게 하시고 좋은 두뇌와 의술을 주심에 감사 드립니다.

이 성도가 환자들을 돌볼 때 예수님의 심정을 갖게 해주옵소서. 환자들을 대할 때 늘 기도하는 마음으로 대할 수 있게 하시고, 그가 치료하는 환자들 모두 하나님의 은혜를 받아 속한 시일에 건강이 회복되도록 치유의 은총을 충만히 내려 주옵소서.

하나님, 성도가 일하는 병원이 베데스다 연못이 되게 하옵소서. 또한 성도가 사람들의 육체와 구조·생리 현상들을 볼 때면 하나님의 그 깊으신 지혜와 창조의 오묘하신 솜씨가 신비하게 여겨질 것입니다. 이 일을 통해 믿음이 더욱 깊어지게 하옵소서. 인간의 힘과 의학의 한계에 부딪힐 때는 모든 것을 하나님께 맡기고 기도 드리는 무릎이 있게 하옵소서.

전능의 하나님이시여, 그가 보살피는 환자를 불쌍히 여기소서. 하나님께서 그의 손길에 직접 개입해 주옵소서. 생명을 존중하는 겸손한 마음과 간절한 믿음으로 하나님께 구하게 하옵소서.

이 성도에게 하나님의 형상따라 지음받은 사람을 잘 돌볼 수 있도록 뜨거운 믿음과 건강을 허락하여 주옵소서. 또한 그의 신앙과 교회생활에 있어서 남들의 모범이 되게 해주시기 바랍니다. 바쁜 핑계로 신앙이나 교회를 뒤로 하는 일은 결코 없게 해주옵소서.

영원한 생명의 주인이신 예수 그리스도의 이름으로 기도 드립니다. 아멘

26. 약 사

　만물을 말씀으로 창조하신 하나님께 영광과 찬양을 올립니다. 이 성도가 약학을 공부하고 사람들의 건강을 돌보며 국민 보건에 이바지할 수 있게 하심을 감사드립니다.

　이땅 위에서 많은 질병과 고통을 몰아내는 일에 힘쓰게 하시고, 특별히 찾아오는 환자와 손님들에게 친절과 정성을 베풀 수 있게 되기를 간절히 바랍니다. 이 성도가 기도하며 조제한 약으로, 환자들의 건강이 완전히 회복되게 해주옵소서.

　온종일 일하면서 많은 사람을 대할 때 그리스도의 향기를 풍길 수 있게 하시고, 일하는 약국이 전도의 현장이 되게 하옵소서.

　사랑의 하나님, 약사들의 세계에 복음이 널리 전해져 약사들이 하나님의 능력을 덧입어서 사랑의 눈으로 생명을 대하게 하옵소서. 의약분업의 상처가 잘 아물게 하시고 문제점들이 해결되게 하옵소서. 하나님께서 축복하시고 돌보아 주심으로, 이 성도의 약국이 잘 되게 해주옵소서. 그래서 하나님의 교회와 그 거룩한 사업을 위한 일들을 마음껏 할 수 있게 하옵소서.

　특별히 속해 있는 교회에서도, 목회하시는 교역자님들이나 교인들의 건강을 위하여 봉사할 수 있도록 지경을 넓혀 주옵소서. 주께서 주신 은사를 좋으신 하나님 아버지를 위해 바로 사용하게 하시고 농어촌 지역을 위해서도 시간을 내어 봉사할 수 있는 은혜를 주옵소서. 또한 해외선교사들도 돕게 하옵소서.

　자신을 위해 사는 성도가 아니라 이웃을 위해 살 수 있는 성도가 되게 하옵소서.

　예수님의 이름으로 기도 드립니다. 아멘

27. 출판인

사랑의 하나님!

이 성도에게 좋은 재능과 은사를 주셔서 출판인으로 일하게 하심을 감사 드립니다. 이 성도가 출판하는 책들이 사람들에게 큰 유익을 주게 하옵소서. 한번 출판된 책은 널리 퍼지며 10년, 20년, 30년, 그 이상 영원에 가깝게 남아 있을 수 있는 것이므로 책임감과 역사의식을 가지고 일할 수 있게 하옵소서. 이 시대에 꼭 필요한 양서들을 출판하게 하시며, 이 사업이 날로 번영하게 하옵소서.

하나님, 이 성도가 수익 올리는 것을 첫 번째 목적으로 삼지 않게 하옵소서. 많은 직업 가운데 우연히 이 일에 종사하게 되었다고 생각하지 않게 하옵소서. 하나님께서 주신 가장 귀하고 중요한 직책으로 알아서 힘껏 일할 수 있게 하옵소서.

이 성도의 일터와 그 주변에 어려운 일들이 생기지 않도록 지켜 보호하여 주옵소서. 같이 일하는 직원들, 제작에 필요한 여러 공정들, 하나하나를 하나님께서 아시매 필요한 때, 필요한 것들을 풍족하게 주옵소서. 늘 좋은 기획을 하도록 신선한 아이디어를 주시고 좋은 필자를 만나게 해주옵소서. 전자도서 보급의 확대와 출판경향의 변화에도 잘 대응하게 하옵소서. 인터넷 인구가 날로 늘어 출판계가 위축된다는 보도가 있는데 이 문제도 지혜롭게 극복하게 하옵소서.

특별히 기독교 출판계에 종사하는 이들에게 문서선교의 사명을 잘 감당할 수 있는 지혜를 주시고 사명감을 더하여 주옵소서. 이 일을 하면서 물질뿐만 아니라 영적인 면으로도 풍성해져서 하나님나라 사업도 많이 하고 선한 사업도 할 수 있도록 도와주옵소서.

예수 그리스도의 이름으로 기도 드립니다. 아멘

28. 체육인

선한 싸움을 힘써 싸우라고 말씀하신 하나님!
그 말씀 따라서 힘써 노력하고 있는 이 성도가 경기에 임할 때마다 임마누엘 하나님께서 함께하여 주옵소서.
믿음 위에 믿음을 주셔서, 그의 체육인 생활이 전적으로 하나님의 영광을 위한 것이 되게 해주옵소서. 어렵고 위험한 때에 하나님의 손으로 붙잡아 주옵소서. 경기에 임할 때에 솟아오르는 용기와 의지와 체력과 지혜를 주옵소서. 하나님께서 구체적으로 함께하심으로 신기록을 세우게 하시고, 국제무대에도 진출하게 하여 주옵소서. 체육인들의 생활은 심한 긴장의 연속이기 때문에 하나님의 격려와 힘 주심이 요청됩니다. 지켜 주옵소서.
주께서 말씀하시기를 경기장에서 달음질하는 자마다 면류관을 얻고자 한다고 하셨는데, 이 성도가 영적인 신령한 경기도 잘하여 생명의 면류관을 얻게 하여 주옵소서.
'달음질하는 자마다 방향이 뚜렷해야 한다'고 하신 하나님, 이 성도가 삶의 방향을 전적으로 하나님께 영광 돌리는 데 두게 하옵소서. 하나님, 이 성도가 젊을 때는 현역 선수로 기량을 마음껏 발휘하게 하시고 현역에서 물러난 다음에는 코치와 감독으로 지도자의 생활을 하게 하소서.
이 성도에게 건강과 의지 그리고 영원히 쇠하지 않고 변치 않는 뜨겁고 강한 신앙을 주옵소서. 마음속에서 우러나오는 간증의 사람이 되게 해주옵소서. '하나님의 도우심으로' 란 말을 연발할 수 있게 되기를 원합니다. 체육인 선교활동이 왕성히 진행되게 하심을 감사드립니다. 이 성도가 그 일에 더욱 힘쓰게 하옵소서.
예수님의 이름으로 기도 드립니다. 아멘

29. 정치인

나라의 흥망성쇠를 주장하시는 하나님!

옛날 솔로몬에게 주셨던 지혜를 이 성도에게도 주옵소서. 요셉처럼 국가의 앞날을 내다볼 수 있는 혜안을 주옵소서. 다니엘처럼 믿음에 입각한 정치를 할 수 있는 의지를 주옵소서. 에스더처럼 하나님의 뜻을 위해서, 동족을 위해서 생명을 걸고 일하게 해주옵소서. 하나님 중심, 국민들을 위하는 마음, 국가의 명예를 생각하는 마음을 주옵소서. 여호와를 하나님으로 삼는 지도자가 되게 해주소서.

우리나라의 정계는 해방 이후 지금까지 그리 발전하지 못했습니다. 국민들로부터도 신뢰받지 못하고 있음을 안타깝게 생각하면서, 정치인으로서의 책임을 느끼며 골방의 기도를 하게 하옵소서. 정치인인들은 서로 비난만 한다는 그런 말을 듣지 않도록 우리나라의 정치 풍토를 바로잡는 데 앞장서게 하옵소서. 하나님의 뜻에 합당하고, 국민들이 원하고 바라는 바른 정치가 우리나라에도 이루어질 수 있기를 간절히 원합니다. 세계에서 가장 좋은 정치가 한국에 실현되게 해주옵소서. 국회의사당이나 각 정당들이 모두 하나님을 두려워하는 곳이 되게 하옵소서. 이 성도가 사사로운 욕망을 떠나서 국가와 국민 위주의 정치인이 되게 하옵소서.

바른 생각과 말을 하여 백성들의 칭찬과 존경을 받을 수 있도록 하나님께서 세워 주옵소서. 권력을 위한 정치, 돈이나 명예를 위한 정치는 자취를 감추고, 사랑의 정치 예수님의 이상을 이땅 위에 실현시킬 수 있는 정치가 구현되게 해주옵소서.

하나님, 이 성도가 정치가의 이미지를 새롭게 할 수 있는 최선의 노력을 다하도록 지혜와 담대함을 주옵소서.

예수님의 이름으로 기도 드립니다. 아멘

30. 회사원

　영원한 생명의 근원이신 하나님! 감사와 찬양을 올립니다.
　경쟁이 심하고 취직난도 심한데 이 성도를 좋은 직장으로 이끌어 주심을 감사 드립니다. 허락하신 직장생활을 하는 동안 하나님께서 영광을 받으시기 바랍니다. 요셉이 보디발의 집에 있을 때처럼 성실과 정성을 다하게 하옵소서.
　이 회사에 근무함으로 인하여 이 회사도 잘되게 하옵시고, 모든 직원들과 잘 화합하여 그리스도의 빛을 드러낼 수 있게 하옵소서. 이 직장에도 신우회가 있어서 믿는 이들이 힘을 합하여 복음을 전할 수 있게 하시고, 전 직원들이 하나님의 사람으로 세움받게 하옵소서. 이제 이 성도가 복음의 기수로서 회사에서 빛의 역할을 감당할 수 있게 하옵소서.
　이 직장에서 한 사원으로서 맡은 일을 성실히 감당하여 모범 사원이 되기를 원합니다. 이곳을 선교지로 생각하며 지혜롭고 성실하게 주님의 복음을 전하여, 믿는 사원이 날로날로 많아지게 하옵소서. 범사에 감사하며, 성실하고 묵묵히 책임을 잘 수행할 수 있도록 도와주옵소서.
　윗사람들이나 아랫사람들을 사랑으로 친절하게 대할 수 있도록 넉넉한 마음을 허락해 주옵소서. 싫어하는 사람, 멀리하거나 피하는 사람, 아주 미워하거나 적대시하는 사람이 한 사람도 없이 하여 주소서. 오히려 이 성도를 만나면 반가워하고 기뻐하는 사람들이 점점 많아지게 해주옵소서. 그리스도의 빛을 반사하여 하나님의 영광을 나타내게 하옵소서.
　예수님의 이름으로 기도 드립니다. 아멘

31. 간호사

치료의 하나님!

이 세상에는 너무나 많은 질병들이 있는 가운데 이 성도가 간호사로 일하면서 질병으로 고통받는 이들을 돌보게 하심을 감사 드립니다. 환자들을 돌볼 때에 그리스도의 뜨거운 사랑의 마음을 가지고 보살필 수 있게 하옵소서.

하나님, 이 성도가 환자들에게 있는 하나님의 형상을 보게 하시고, 환자들은 그가 정성스럽게 간호하는 모습에서 예수 그리스도를 발견하게 하옵소서. 돌보는 환자들이 하루 속히 건강이 회복되는 복을 내려 주옵소서.

하나님, 환자들 중에는 몸뿐만 아니라 마음도 극도로 약해져 있어 어른들이라도 어린아이같이 된 이들이 있으며 신경이 예민한 이들도 있습니다. 이들에겐 이 성도의 말 한마디나 얼굴 표정의 온화함과 친절하고 따스한 손길이 큰 영향을 줄 것입니다. 이 성도가 항상 하나님의 마음을 생각하며 모든 환자들을 돌볼 수 있는 힘과 마음을 주옵소서.

이 성도의 친절한 간호를 받는 이들이, 이 성도의 친절은 그리스도의 사랑에 바탕을 둔 것임을 알게 하여 주옵소서.

하나님, 백의의 천사라는 이름을 갖고 일하는 간호사들의 수고를 기억하여 주옵소서. 나이팅게일 선서를 할 때의 마음이 변하지 않게 하옵소서. 의사와 환자 사이를 잘 연결히게 하옵시고 모든 의료팀들과 잘 협력하게 하옵소서. 그들을 행복의 길로 인도하여 주옵소서.

예수님의 이름으로 기도 드립니다. 아멘

32. 문 인

　하나님의 크신 은총을 감사 드립니다. 이 성도에게 남달리 문학적 소질과 총명을 주신 데 대하여 감사를 드립니다. 이 재능을 가지고 모든 사람들에게 유익을 주는 글, 뭇사람을 그리스도에게로 인도하는 글, 하나님께 영광 되는 글을 쓸 수 있게 해주옵소서. 예수님께서 땅에 글을 쓰심으로 죽음 앞에 있던 여인이 구원받은 것처럼, 이 성도가 쓰는 글을 통하여 많은 사람들이 생명의 주님을 발견할 수 있게 해주옵소서.
　때로는 하나님의 엄위하심을 보이는 글로써 많은 사람들이 하나님을 두려워할 수 있게 되기를 바랍니다. 옛날 바벨론의 벨사살왕은 하나님을 모독하며 자기의 영화만 자랑하다가 벽 위에 쓰인 하나님의 글을 읽고 온몸이 떨리며 하나님을 두려워했는데, 하나님의 사람 다니엘이 그것을 해석해 주었듯이, 이 성도로 하여금 모든 사람에게 하나님의 뜻을 알게 하는 글을 쓸 수 있도록 지혜와 영감을 주옵소서.
　하나님 아버지, 이 성도에게 뚜렷한 역사관과 시대 정신에 대한 판단력 그리고 적절하고도 철학적인 사고능력과 표현력을 주옵소서. 독자와 사회에 좋지 못한 영향을 주는 글은 쓰지 않게 하시고 모든 독자에게 여러 가지로 유익을 줄 수 있는 글을 많이 쓰게 해주옵소서. 또한 하나님께서 은혜 주셔서 작품과 글들이 국내뿐만 아니라 외국에까지 전해지고 읽힐 수 있도록 역사하여 주옵소서.
　이 성도의 작품을 사랑하는 사람, 기다리는 사람, 칭찬하는 사람이 많게 해주옵소서. 이 나라에 크리스천 문인들이 더 많아지게 하시고 그들의 작품이 나날이 우수한 것이 되게 해주옵소서.
　예수님의 이름으로 기도 드립니다. 아멘

33. 컴퓨터 프로그래머

새 일을 행하시는 하나님!

이 세상에는 많은 직업들이 있는데 시대의 흐름에 따라 중요하게 여겨지다가 뒤쪽으로 자리를 바꾸는 직업도 있고 사라지는 직업도 있는가 하면 새롭게 태어나서 사람들에게 많은 영향을 미치는 직업도 있습니다. 이 성도가 많은 직업들 가운데 컴퓨터 프로그래머가 되게 하심을 감사 드립니다.

하나님, 이 성도에게 지혜를 더욱 풍성하게 주셔서 가장 우수한 컴퓨터 프로그래머가 되게 하여 주옵소서. 우수할 뿐만 아니라 성실한 사람이 되게 하여 주옵소서. 컴퓨터가 사람을 위해 있지 사람이 컴퓨터를 위해 있지 않다는 사실을 알고서 이 일을 하게 하여 주옵소서. 사이버 세계의 윤리 문제가 날로 심각해지는 이때에 윤리를 잘 지키는 모범을 보이게 하여 주옵소서.

사람들에게 유익을 주는 프로그램을 많이 개발하게 해주셔서, 그 프로그램들을 통해 하나님의 뜻도 이룰 수 있게 도와주옵소서. 하나님께서는 마지막 때가 되면 많은 사람이 빨리 왕래하며 지식이 더하리라고 하셨습니다. 그와 같은 때에 이 성도가 믿음을 잃지 않게 하시며 더욱 경건하게 하여 주옵소서. 많은 사람을 옳은 데로 돌아오게 하여 주옵소서.

컴퓨터 앞에 앉을 때마다 기도하게 하시고, 교회의 전산업무를 위해서도 많은 봉사를 하게 하여 주옵소서. 허락받은 귀한 재능이 선교를 위해서 값있게 쓰여질 수 있도록 하옵소서.

예수님의 이름으로 기도 드립니다. 아멘

34. 증권회사 직원

　사람들이 물질과 재능과 시간을 올바르게 투자하기를 원하시는 하나님! 증권회사에서 일하고 있는 이 성도를 위하여 기도하게 하심을 감사드립니다. 주님, 이 성도가 즐거운 마음으로 일하게 해 주옵소서. 직업을 소명으로 알고 보람을 느끼며 일하게 하옵소서. 고객들을 친절과 성실함으로 대하게 하여 주시고 동료직원들과 아름다운 인화가 이뤄지게 하여 주옵소서. 이 성도가, 섬기고 있는 회사의 자랑이 되게 하여 주옵소서. 건전한 주식시장이 형성되는데 한 모퉁이를 잘 감당하게 하여 주옵소서. 변화 무상한 증권세계에서 주식의 동향을 잘 예측하게 하시고 흐름을 잘 파악할 수 있는 지혜를 주옵소서.
　주님, 주식 투자에 관심을 갖는 사람들이 날로 늘어나고 있습니다. 그 가운데는 투자를 투기로 잘못 알고 있다가 큰 손해를 보고 어려움을 겪는 사람들도 많이 있습니다. 주님, 이 성도가 그와 같은 사람들을 잘 깨우치게 하여 주옵소서. 건전한 투자를 유도하는 일에 앞장서게 하여 주옵소서.
　주님, 이 성도를 통해서 증권계에 신우회 활동이 활발해지게 하여 주옵소서. 증권인 선교회가 조직되게 하여 주시고 증권시장이 연초에 개장될 때, 연말에 폐장될 때 예배가 드려지게 하옵소서.
　또한 가장 값진 투자는 하늘나라에 투자하는 것이라는 사실도 함께 전하게 하여 주옵소서. 증권회사에 근무하는 직원이 이런 사실을 말할 때 큰 설득력을 가질 줄로 믿습니다.
　예수님의 이름으로 기도 드립니다. 아멘

35. 보험설계사

저희들에게 일할 수 있는 건강을 주신 하나님, 감사합니다!
내가 기쁨으로 하고 있는 일이 가장 귀중한 일이라는 사실을 성도들이 알게 하여 주옵소서. 일을 통해서 보람과 기쁨을 누리고 하나님께 영광을 돌리게 하옵소서.

주님, 이 성도가 보험설계사로 일하게 하심을 감사 드립니다. 자신의 실적을 올리기 위해서 일하고 그것을 통해서 생계에도 큰 도움이 되게 해주옵소서. 또한 사람들을 위해서 일하게 하옵소서. 이 성도가 하는 일은 사람들이 사고를 당했을 때 도움을 받고 장래의 안정을 보장받도록 하는 귀한 일이오니, 이 일이 사람들에게 큰 도움이 되게 하여 주옵소서.

이 자매는 하루에도 수없이 많은 사람들을 만나고 있습니다. 예수 그리스도의 아름다운 향기를 풍기게 하여 주옵소서. 사람들이 이 보험설계사는 어딘가 다른 데가 있다는 것을 느끼게 하시고, 시간이 지남에 따라 예수를 믿는 보험설계사이기 때문에 더 성실하고 더 친절하다는 것을 알게 하여 주옵소서. 이 일이 간접 전도가 되게 하옵소서. 그래서 주님을 믿는 것이 이땅에서도 안전한 길이며 영생이 보장되는 것으로 보험 중에 보험은 믿음이라는 사실도 함께 전하게 하여 주옵소서. 이사야 선지자는 "주는 포학자의 기세가 성벽을 충돌하는 폭풍과 같을 때에 빈궁한 자의 보장이시며 환난당한 빈핍한 자의 보장이시며 폭풍 중에 피난처시며 폭양을 피하는 그늘이"(사 25:4)라고 말하였습니다.

이 자매가 사람들을 만날 때 주님께서 함께 만나 주셔서 상대방의 마음문이 열리게 하여 주옵소서.

예수님의 이름으로 기도 드립니다. 아멘

36. 물류사업자

하나님을 피난처로 삼는 사람들에게 화가 미치지 못하게 하시며 천사들에게 명령하시어 모든 길에서 지키게 하시는 하나님!

하나님을 신실하게 믿으면서 물류업을 하고 있는 이 성도를 지켜 주옵소서. 주님께서 보내신 천사가 그들의 손으로 이 성도를 붙들어 그 발이 돌에 부딪히지 않게 하옵소서. 물류사업의 중요성이 날로 커지고 있고 제품의 비용에서 물류비가 차지하는 비중이 날로 높아가고 있는 때에 이 성도가 이런 중요한 일에서 두각을 나타내게 하옵소서. 많은 개선책을 내놓게 하시고 물류비용을 절감할 수 있는 방안도 제시하게 하여 주옵소서. 섬기고 있는 회사가 이와 같은 일에 모범을 보임으로 그 소문이 널리 퍼져나가게 하옵소서.

물류업은 많은 인원과 장비가 필요한 일인데 좋은 사람들을 만나게 하옵소서. 신뢰 속에서 서로 최선을 다할 수 있는 사람들을 만나게 하여 주옵소서. 또한 장비도 지켜 주셔서 고장나는 일이 없게 하여 주시고 안전도 지켜 주옵소서. 모든 것이 물 흐르듯 순조롭게 하여 주옵소서.

하나님, 앞으로 물류업이 북한에도 진출하게 될 때 이 성도가 선두주자가 되어 들어가게 해주옵소서. 북한뿐만 아니라 중국을 거치고 시베리아를 거치고 현대의 실크로드를 개척하는 선구자가 되게 하여 주옵소서. 북한에 진출할 때는 복음도 함께 들고 들어가게 하여 주옵소서. 이 성도의 사업 범위가 세계로 확대될 수 있도록 도와주옵소서. 물 가운데로 지날 때도 함께하시며, 불 가운데 지날 때도 타지 않게 하시는 주님을 의지하게 하옵소서.

예수님의 이름으로 기도 드립니다. 아멘

37. 대형매장 종사자

저희가 정의를 행하고 인자를 사랑하며 겸손히 하나님과 함께 행하는 사람이 되기를 원하시는 하나님!

이 성도에게 귀한 일터를 주신 것에 감사 드립니다. 많은 사람들이 출입하고 소음이 심한 대형매장에서 일할 때 주님이 늘 함께하여 주셔서 지치지 않게 하시고, 미소도 잃지 않게 하여 주옵소서. 언제나 새로운 힘을 주옵소서. 다른 종사자들이 지쳐 주저앉으려 하다가도 이 성도의 미소를 보고 힘을 얻게 하옵소서. 까다로운 고객들도 끝까지 친절로 대하게 하여 주옵소서. 고객과 종업원 사이에 시비가 일어났을 때 이 성도가 중간에 들어서면 양쪽이 모두 흡족함을 얻고 잘 해결되게 하여 주옵소서. 이 대형매장의 상담자가 되고, 해결사가 되며, 조율사가 되게 하여 주옵소서.

하나님, 이 성도가 매장에서 일할 때 "속이는 저울은 여호와께서 미워하셔도 공평한 추는 그가 기뻐하시느니라"(잠 11:1)라는 말씀을 늘 기억하여 하나님을 기쁘시게 하는 사람이 되게 하여 주옵소서. "정직한 자의 성실"(잠 11:3)을 늘 지니게 하여 주옵소서. 성읍은 정직한 자의 축복으로 인하여 진흥한다고 했으니 이 업체가 이 성도 때문에 축복받게 하여 주옵소서.

대형매장에서 일할 때 한없이 가난하던 우리나라에 재화가 이렇게 풍성해진 것을 감사하게 하여 주옵소서. 또한 북한도 이와 같이 풍성한 나라가 되도록 기도하게 해주옵소서. 우리나라가 이렇게 축복받은 것은 하나님을 잘 믿는 나라이기 때문이라는 것을 사람들에게 전하게 해주옵소서. 분주함과 피곤함 때문에 교회 섬기는 일에 소홀함이 없도록 힘을 주옵소서.

예수님의 이름으로 기도 드립니다. 아멘

38. 이동통신업자

갈릴리 온 땅에 다니시며 복음을 전파하신 주님!
이 성도에게 믿음 주신 것을 감사 드리며 또 좋은 생업을 주신 것도 감사합니다.
주님, 전에 저희들은 이동통신이란 것이 이땅에 등장하리라고 생각하지도 못했습니다. 주님께서 저희들의 생활이 편리하도록 이 문명의 이기를 주신 것을 감사 드립니다. "여호와여 주의 하신 일이 어찌 그리 많은지요 주께서 지혜로 그들을 다 지으셨으니 주의 부요가 땅에 가득하니이다"(시 104:24)라는 시편 시인의 찬가를 우리도 드립니다.
하나님, 이 성도에게 이동통신업을 기업으로 주셨으니 하나님께 감사하는 마음으로 운영하게 해주옵소서. 같은 업체들이 많이 있지만, 이 성도가 경영하는 업체는 성실하고 정직하며 고객을 진심으로 위한다는 소문이 널리 퍼지게 해주옵소서. 이 좋은 소문으로 인하여 많은 고객들이 몰려오게 해주옵소서. 또한 거기 가면 마음에 편안함이 느껴진다는 사람들이 많아지게 하옵소서. 이 매장에 출입하는 사람들 누구나 주인의 친절함과 성실함 속에서 믿는 성도의 신실한 모습을 보았다고 말하게 해주옵소서.
하나님, 이 분야는 하루가 다르게 기술이 발전하고 새로운 제품들이 나오고 있습니다. 이 성도가 새로운 기술을 익히고 새로운 제품을 보급하는 일에 앞장서게 하여 주옵소서. 이 업체가 날로날로 발전하게 하여 주옵소서. 그러나 분주함과 업체가 성장하는 재미에 빠져 하나님을 잊는 일이 없게 해주옵소서. 주일성수를 생명과 같이 귀한 것으로 여기게 해주옵소서.
예수님의 이름으로 기도 드립니다. 아멘

VIII. 연령별 심방기도

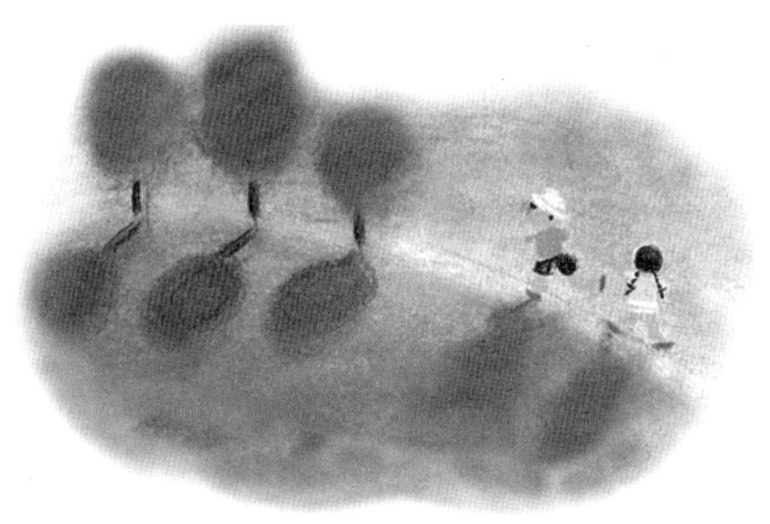

1. 유 아

어린 아기와 젖먹이들의 입에서 나오는 찬미를 온전하게 하신 하나님! 저희들은 유아들을 귀여워하면서도 유아기가 얼마나 중요한 때인지를 잘 모르는 어리석음을 범하고 있습니다.

유아기야말로 기본적인 신뢰와 인격과 믿음이 형성되는 중요한 때인 것을 알게 하여 주옵소서. 어머니의 품이 가장 훌륭한 교실인 것도 알게 하여 주옵소서.

유아들을 기르는 젊은 어머니들이 기도로 그들을 기르게 하여 주옵소서. 삼손의 부모가 여호와의 사자에게 "이 아이를 어떻게 기르오며 우리가 그에게 어떻게 행하오리이까"(삿 13:12)물었던 것처럼 어떻게 기르는 것이 하나님의 뜻에 맞고 하나님께서 기뻐하시는 것인지 물으며 기르게 하여 주옵소서.

믿음을 가진 부모의 품에서 유아기를 보냈기 때문에 청소년기에 어떤 유혹이 와도 물리칠 수 있게 하시고, 마음을 뒤흔드는 일이 있어도 안정감을 잃지 않게 해주옵소서.

어머니가 이 아이를 품에 안고 드린 기도와 들려주던 찬송가를 평생 잊지 않게 하여 주옵소서. 이 아이가 자라 부모가 되었을 때 자신도 좋은 부모가 되게 하여 주옵소서.

많은 위험과 질병에서 이 아기를 지켜 주옵소서. 오염된 환경과 유해식품에서도 지켜 주옵소서. 하나님께 바쳐진 성별된 생명으로 자라게 하여 주옵소서. 믿음 안에서 사라고 세상의 모든 악에서 보호받게 하여 주옵소서.

영원히 살 수 있는 은혜를 어린이들에게도 허락하신 예수님의 이름으로 기도 드립니다. 아멘

2. 어린이

　어린이들을 특별히 사랑하시던 예수님을 생각하며 하나님 앞에 감사 드립니다. 우리 모든 그리스도인들이 하나님 앞에서 어린아이처럼 되게 하옵소서. 지금 이 가정과 교회에서 자라는 어린이들을 하나님께서 크게 축복해 주옵소서. 공해와 어지러운 문화들이 쏟아져나오는 이때에, 우리 어린이들이 하나님의 각별하신 돌보심과 인도하심을 따라 천사의 모습을 유지하게 해주옵소서.

　본래 어린이들은 순진하고 솔직하나 나이가 들수록 점점 그 깨끗한 모습은 자취를 감추고, 꾸밈과 거짓과 미움과 싸움 등으로 변질되어가는 것을 봅니다. 하나님께서 어린이들의 천진한 모습과 생각을 오래오래 간직할 수 있게 해주옵소서. 이 어린이의 키와 지혜가 자랄수록 예수님의 모습을 닮을 수 있게 해주옵소서.

　어른들이 어린이들에게 모범이 되게 하시고 특별히 믿는 이들이 신앙의 모범을 보이게 하옵소서. 어린이들의 생각을 오염시키는 건전하지 못한 것들이 없어지게 하옵소서. 어린이들을 대상으로 한 범죄가 사라지게 하시고, 이 사회가 어린아이들이 마음놓고 지낼 수 있는 건전하고 건강한 사회가 되게 해주옵소서.

　하나님, 어린이들의 가슴에 예수님의 마음을 주옵소서. 저들의 입에서 세상의 저속한 노래와 말 대신에 예수님을 찬양하는 소리가 터져나오게 하옵소서. 어린이들의 영성이 점점 자라서 예수 그리스도의 분량에까지 이를 수 있게 해주옵소서. 어린이들은 우리나라와 교회의 소망이오니 어린이들을 잘 양육하는 나라가 되어 밝은 미래를 약속 받게 하여 주옵소서.

　"어린아이들이 내게 오는 것을 금하지 말라"고 말씀하신 예수님의 이름으로 기도 드립니다. 아멘

3. 중·고등학생

길이요 진리요 생명이신 하나님! 이 학생이 학교에 다니며 공부할 수 있게 축복하심을 감사합니다. 앞날을 선한 길로 인도하셔서 요셉처럼 순결한 삶을 살게 해주옵소서. 바른 생각하며 바른 길을 가도록 순간순간 인도하옵소서. 경쟁이 심한 세상에서 패배자가 되지 않도록 지혜와 힘을 더하여 주옵소서. 학생들의 정신과 영혼을 해치는 일들이 너무나 많은 세상에서 이 학생을 지켜 주옵소서. 나쁜 친구의 유혹에 빠지지 않게 하여 주옵소서. 학원폭력으로부터 지켜주옵소서. 컴퓨터 게임에 중독되지 않게 하여 주옵소서.

요즘 청소년 문제가 너무 심각합니다. 그런 가운데서 이 학생은 학교에서는 친구들에게 모범이 되고 가정에서는 부모님에게 기쁨이 되게 하옵소서.

특히 이 학생의 교회활동을 돌보아주시고 지도하여 주옵소서. 때로는 교회생활을 하는 중에 학교 성적이 떨어져서 시험을 당하거나 가족들에게 야단 맞을 때도 있습니다. 때로는 학교 공부에 지나치게 신경 쓰다보면 교회를 등한시 할 때도 있습니다. 신앙생활도 열심히 하고 부지런히 공부도 하여 균형 잡힌 성장을 하도록 이끌어 주옵소서.

하나님, 이 학생의 장래를 하나님의 뜻에 맞게 인도하여 주옵소서. 믿음 안에서 자신의 인생을 설계하게 하여 주옵소서. 우리나라의 교육현장을 지켜주셔서 학생들이 바른 교육을 받게 해주시고 교육 때문에 이민 간다는 사람이 없게 해주옵소서. 대학교 진학제도가 안정 되도록 당국자들에게 지혜를 주옵소서.

예수님의 이름으로 기도 드립니다. 아멘

4. 대학생

　사랑하는 하나님 아버지! 이 형제가 최고 학부에서 학문을 닦을 수 있도록 축복 내려 주심을 감사 드립니다. 인생의 황금기인 젊음의 때를 알차게 보내게 해주옵소서. 세월을 아끼라고 하신 말씀 따라서 성실히 공부하게 하소서. 공부하는 궁극적인 목적은 하나님의 영광을 나타나는 데 있음을 알게 하옵소서. 모든 사람들에게 유익을 주며 기쁨을 나눌 수 있게 해주소서. 먼훗날을 바라보며 현실에 충실할 수 있는 지혜를 주옵소서.

　하나님, 대학졸업생들에게 취업의 문이 점점 좁아지고 있습니다. 사회진출의 첫발을 기쁨으로 내디딜 수 있도록 실력을 배양하게 하옵소서. 대학공부에 필요한 물질을 주옵시며 공부하는 분야에서 머리가 되게 해주옵소서.

　전능하신 하나님, 이 형제의 대학생활이 이기적이고 근시안적인 것이 되지 않게 하옵소서. 눈을 들어 멀리 바라보며 인류를 위해, 조국을 위해, 특별히 하나님께서 머지않은 장래에 주실 남북한의 통일을 바라보며 이 사회를 위해 살겠다는 다짐을 하게 하옵소서. 나아가서는 하나님을 위해 살게 해주옵소서.

　하나님, 이 나라의 대학캠퍼스에 영적인 바람이 강하게 불게 하옵소서. 복음주의적인 건전한 신앙운동이 활기를 띠게 해주시고 이 형제가 그와 같은 운동에 앞장서게 해주옵소서. 이단과 건전하지 못한 사조들의 학원 침투가 심합니다. 전능하신 하나님, 학생들이 여기에 오염되지 않도록 지켜 주소서. 이 형제의 교회생활도 지켜주시고, 청년부에서 기둥이 되게 하시며, 자기에게 적합한 부서에서 최선을 다해 봉사하게 하옵소서. 불타는 열심을 주옵소서.

　예수님의 이름으로 기도 드립니다. 아멘

5. 청년

청년의 때에 너의 창조자를 기억하라고 하신 하나님!

이 형제가 하나님을 경외하고 그 명령들을 지키는 가운데 젊은 날을 보람있게 보낼 수 있도록 도우소서. 예수 그리스도로 옷 입고 그리스도를 닮기 위해 힘쓰며 살게 하옵소서. 젊음과 패기와 그 혈기를 하나님나라를 위하여 바치게 하옵소서. 모세의 지팡이처럼 큰 일을 할 수 있는 도구가 되게 하옵소서. 이 형제가 가정과 교회에서 그리고 사회에서 희망이 되게 하옵소서.

이땅의 젊은이들이 허탄한 길을 버리고 그리스도 앞으로 돌아오게 하옵소서. 주변 동료들이 방종할지라도, 그릇된 길을 걸을지라도, 이 형제는 의로운 길을 걷게 해주옵소서. 그리고 젊은이들을 한 사람이라도 더 많이 그리스도 앞으로 인도할 수 있는 힘과 열심을 주시기 바랍니다.

이 형제는 앞으로의 날들이 지나온 날들보다 더 멀고 깁니다. 지금보다 나은 삶의 방향이 설정되도록 이끌어 주시기 바랍니다. 조급하지 않게 하시고 인생 전체를 생각하는 판단력과 사고력도 충만히 주셔서 시행 착오를 범하는 일이 없게 하옵소서. 힘껏 기도하며 힘을 다하여 하나님의 일을 할 수 있게 해주옵소서. 후회 없는 앞날을 맞이할 수 있게 인도해 주시고, 이 형제의 가슴에 푸른 꿈이 파도치게 하시고 바다같이 넓고 깊은 사랑이 넘치게 하여 주옵소서.

하나님, 이 나라에 태어난 것을 감사하면서 많은 일을 하게 해주옵소서. 이 형제로 인하여 교회의 분위기가 밝고 활기차게 해주옵소서. 오 주여! 이 젊은이를 통해 영광받아 주옵소서.

"청년아 일어나라!"고 하신 예수 그리스도의 이름으로 기도 드립니다. 아멘

6. 장년

은혜로우신 하나님 아버지!

이 성도를 장년에 이르도록 인도해 주심을 감사 드립니다. 하루 사이에도 어떠한 일이 생길는지 알 수 없는 위험한 세상에서 건강을 지켜 주신 것과 무엇보다도 믿음으로 살게 하셨음을 감사 드립니다. 이 성도가 나의 나 된 것은 하나님의 은혜인 것을 고백하게 해주옵소서. 하나님의 손길에 의지하면서 앞날을 살아가게 하옵소서. 삭막한 이 세상을 부드럽고 평화스러운 것으로 만들며 점점 더 뜨거워지는 신앙을 갖고 살게 하옵소서.

이 성도가 안정된 삶의 모습을 보임으로 교회의 청년이나 노인들에게 믿음직한 느낌을 주게 하시고 가정과 교회와 사회가 흔들리지 않게 하옵소서. 장년은 가정에서나 교회에서 그리고 사회에서 중심 역할을 해야 하는 존재입니다. 이에 필요한 건실한 신앙과 인격, 명철과 지혜를 충만히 채워 주옵소서. 이 성도에게 원숙함을 더하여 주옵소서. 이 성도가 체험적인 믿음으로 교우들에게 모범을 보이게 하옵소서.

하나님, 사회 변화에 따라 장년은 소외당하기 쉽고 무력해지기 쉽습니다. 장년을 고개 숙인 세대로 인정하는 경향이 강해지고 있습니다. 이 성도가 그와 같은 풍조를 이기고 용기를 갖고 살아가게 하옵소서. 지금까지 익힌 경험의 바탕 위에 새로운 지식을 더하는 일에 게을리 하지 않게 하소서. 존경받는 지도자가 되게 하옵소서. 반려자에 대한 애정과 신뢰가 깊어지게 하시고 자녀들의 사회진출과 결혼을 도와주옵소서.

예수님의 이름으로 기도 드립니다. 아멘

7. 노년

"백발은 영화의 면류관이라 공의로운 길에서 얻으리라"고 하신 하나님 아버지! 이 성도를 오늘날까지 믿음의 길, 공의의 길로 인도해 주신 것을 감사 드립니다. 갈렙이 노익장하여 가나안 땅을 정복할 때 가장 험악한 헤브론 산지 정복에 앞장섰듯 이 성도도 끝까지 하나님의 일을 할 수 있도록 은총 내려 주옵소서.

여생을 하나님께 맡기고 아버지가 부르시는 날까지 마라나타(주 예수여 오시옵소서)의 신앙을 갖고 살게 하옵소서. 인생의 후반부가 더욱 뜻 있고 값있게 장식되는 복을 주시고, 후배나 젊은이들에게 모범과 덕을 보일 수 있게 하옵소서.

특별히 간구 드리는 것은 시간이 흐를수록 기력은 쇠진해질 수밖에 없으나 하나님께서 돌보셔서 병들어 눕거나 남에게 짐이 되는 일이 생기지 않도록 지켜 주옵소서. 비록 체력이나 기억력은 쇠할지라도 영적인 면, 신앙적인 면은 더욱더 강건해질 수 있도록 영적 건강을 주옵소서. 속사람이 날로 새로워지게 하옵소서. 이 성도가 기도생활 중에 말씀과 더욱 가까워지게 하옵소서. 하나님 앞에 부름받을 때 큰 상급을 받을 수 있도록 한 영혼이라도 더 하나님 앞으로 인도하게 하옵소서.

이 성도의 세대는 특별히 험악한 세월을 살아왔습니다. 다른 민족의 통치를 경험했고 분단과 전쟁과 가난과 정치적인 혼란을 겪으며 여기까지 왔습니다. 야곱에게 주셨던 노년의 부음 이 성도에게도 주옵소서. 여생이 평안하게 하시고 자녀들로부터 효도받게 해주옵소서. 에녹이 하나님과 평생 동행한 것처럼 하나님과 동행하며 하나님을 기쁘시게 하는 날들이 되게 하옵소서.

에벤에셀이신 예수님의 이름으로 기도 드립니다. 아멘

심방기도

●

2001년 10월 25일 1판 1쇄 발행
2012년 1월 20일 1판 5쇄 발행

저자(대)·변한규 목사 외
펴낸이·김 기 찬

펴낸곳 **한국문서선교회**

등록 · 1981.11.12 NO. 제 14-37호
주소 · 서울시 중구 신당 6동 49-20호
이메일 · mission3496@naver.com
☎ 2253-3496·2253-3497
FAX. 2253-3498
정가 10,000원

●

잘못된 책은 바꾸어 드립니다.
* 판권 본사 소유 *

ISBN 978-89-8356-184-8-03230